陈嘉映著译作品集
第 16 卷

哲学中的语言学

LINGUISTICS
IN PHILOSOPHY

〔美〕泽诺·万德勒 著

陈嘉映 译

商务印书馆
The Commercial Press

Zeno Vendler
LINGUISTICS IN PHILOSOPHY

Copyright © 1967 by Cornell University; copyright renewed 1995
This edition is a translation authorized by the original publisher, via Bardon-Chinese Media Agency

本书根据康奈尔大学出版社 1967 年版译出

总　　序

商务印书馆发心整理当代中国学术,拟陆续出版当代一些学人的合集,我有幸忝列其中。

商务意在纵览中国当代学人的工作全貌,故建议我把几十年来所写所译尽量收罗全整。我的几部著作和译作,一直在重印,也一路做着零星修订,就大致照原样收了进来。另外六卷文章集,这里做几点说明。1.这六卷收入的,多数是文章,也有对谈、采访,少数几篇讲稿、日记、谈话记录、评审书等。2.这些篇什不分种类,都按写作时间顺序编排。3.我经常给《南方周末》等报刊推荐适合普通读者的书籍。其中篇幅较长的独立成篇,篇幅很小的介绍、评论则集中在一起,题作"泛读短议之某某年"。4.多数文章曾经发表,在脚注里注明了首次刊载该文的杂志报纸,以此感谢这些媒体。5.有些篇什附有简短的说明,其中很多是编订《白鸥三十载》时写的。

这套著译集虽说求其全整,我仍然没有把所写所译如数收进。例如我第一次正式刊发的是一篇译文,"瑞典食品包装标准化问题",连上图表什么的,长达三十多页。尽管后来"包装"成为我们这个时代一个最重要的概念,但我后来的"学术工作"都与包装无关。有一些文章,如"私有语言问题",没有收入,则是因为过于粗陋。还有一类文章没有收入,例如发表在《财新周刊》并收集在《价值的理由》中的不少文章,因为文章内容后来多半写入了《何为良好生活》之中。同一时期的不同访谈内容难免重叠,编订时做了不少删削合并。总之,这套著译集,一方面想要呈现我问学过程中进退萦绕的总体面貌,另一方面也尽量避免重复。

我开始发表的时候,很多外文书很难在国内找到,因此,我在注解中标出的通常是中译本,不少中译文则是我自己的。后来就一直沿用这个习惯。

我所写所译,大一半可归入"哲学"名下。希腊人名之为philosophia 者,其精神不仅落在哲人们的著述之中,西方的科学、文学、艺术、法律、社会变革、政治制度,无不与哲学相联。所有这些,百数十年来,从科学到法律,都已融入中国的现实,但我们对名之为 philosophia 者仍然颇多隔膜。这套著译集,写作也罢,翻译也罢,不妨视作消减隔膜的努力,尝试在概念层面上用现代汉语来运思。所憾者,成就不彰;所幸者,始终有同好乐于分享。

这套著译集得以出版,首先要感谢主持这项工作的陈小文,同时要感谢李婷婷、李学梅等人组成的商务印书馆团队,感谢她们的负责、热情、周到、高效。编订过程中我还得到肖海鸥、吴芸菲、刘晓丽、梅剑华、李明、倪傅一豪等众多青年学子的协助,在此一并致谢。

陈嘉映
2021 年 3 月 3 日

译 者 导 言

万德勒是语言哲学较晚时期的一个重要人物，他是最早熟习乔姆斯基语言学的哲学家之一，充分运用了现代语言学的手段来讨论语言哲学问题，《哲学中的语言学》是他的代表著作之一，鲜明地反映了万德勒的特点。这本书分成七章，第一章讨论语言学是否能帮助哲学，作者的回答是肯定的。第二章到第七章每一章考察一组语言现象，考察时借用了现代语言学的工具，得出的则是具有哲学意义的结论。这些考察本来曾作为论文陆续发表，最后作了些修改合成此书。在这篇导言中，我先分别简介后面六章的内容，并随时对照汉语的相关语言现象作些考察。我最后再回到第一章，探讨语言学和哲学的关系这个大问题。

一

第二章的题目是 Singular Trems，单称词项。*Term* 这个词，有人也用它来指事物，但多数哲学家只用它来指符号，本书是后一种用法，所以译作"词项"不会有什么误解。"词项"是逻辑学用语，不是语言学用语。词项是构成命题的单元，词项自身则无结构可言，它们是简单的"原子"。但这种简单性只是相对的：一个词项在某一层次上无需解析，在一个更深层次上却可能需要解析。例如，对亚里士多德的三段式推论逻辑来说，"恨苏格拉底"是一个单一的词项，无需解析，但在多数量化逻辑系统里，"恨苏格拉底"这一表达式必须拆开。罗素关于特称描述语（摹状词）的分析也是对通常所谓单称词项加以分析的一个实例。弗雷格开创了量化逻辑，正是从那时开始，单称词项与概括词项的区别变得十分突出，如何辨识单称词项也成了一个重要的问题。我们通常会把"苏格拉底"叫作专名，"苏格拉底"和"柏拉图的老师"这两个表达式的语言学身份看起来相差很多，但在弗雷格那里，这两个表达式具有相同的至少是十分相近的身份，乃至他经常把"柏拉图的老师"也叫作专名。这里面包含的哲学疑问我曾在《专名问题》一文[①]中讨论过，读者可以参考。

既然辨识单称词项成了一个重要的问题，万德勒就着手探究在英语里应当怎样确定单称词项。就专名来说，在英文书写中专名是大写的，但这一点不足为训：一、English 不是专名，但也大写；二、更重要的是，大写小写只就书写而言，口语里又该怎么区别呢？而语言学一般把口语视作更原本的语言。我们还可以尝试发现专名的另一些特点，例如专名没有含义，毋须翻译，关于专名的知识不是语言知识，出现更多的专名并不使语言变得丰富起来，与此相关，多数专名词典都不加收录，实际上也不可能尽收所有专名。

除了以上这些线索，万德勒特别详细地考察了冠词在识别专名时所起的作用。专名一般是不加冠词的，但这条线索也不可靠。物

---

① 载于赵汀阳主编：《论证》第二期，广西师范大学出版社，2001年。

质名称或抽象名称如 *water*、*love* 通常也不带冠词，反过来，专名有时也带冠词，例如 *the Joe in our house*。就后一例，万德勒解释说，这时说话人预设有两个 *Joe*，因此 *Joe* 在这里差不多等同于"名叫 Joe 的人"，"由于这样一个短语适用于多个个体，所以逻辑学家应该把它们作为概括词项来对待。"（本书第 46 页）

概括言之，定冠词暗含一个限制性子句。有时我们上来就说 *The man wore a hat*，但这时实际上已经有所预设，例如 *I saw a man. The man wore a hat* 或 *the man I saw wore a hat*。凡出现 *the*，都提示"一个被删除的但是可以恢复的限定性附加语。"（第 52 页）有些用法虽不尽相同，但也与此类似，例如英语里既可以说 *Tigers live in the jungle* 也可以说 *The tiger lives in the jungle*。后一句里 *tiger* 前的这个 *the* 和谁相连呢？这话所隐藏的结构大致是 *the*（*animal that is a*）*tiger lives in the jungle*。由此又可推知，如果不是老虎而是某种太宽泛而无法落入某个确定种属的事物，就无法用 *The tiger lives in the jungle* 这样的句型了，例如我们只可说 *Objects are in space*，不可说 * *The object is in space*。在动物学里，人也是一种动物，但在我们的自然理解里，人差不多是种独一无二的事物，所以我们会说：*Man*，*not the ape*，*uses instruments*，其中的 *man* 不能加定冠词，*ape* 则不能不加定冠词。

分析哲学家一直尝试理解单称词项的本性，其中一个主要的原因，在于他们多数人相信，世界上真正存在的是个体事物，言说尽管可以是各种各样，但最后总要扎根在个体事物上。考察一段话语，我们果然发现，一句一句上溯，我们通常的确会来到一个直接指称事物的语词：人称代词、专名、带指示代词的名称，等等。所有这些都是引入存在的设施。当然，还有一种最直截了当引入存在的方式，那就是直接说"有"，有一所房子、从前有一个国王、有人来了等等。

万德勒根据以上的分析来审视罗素和斯特劳森关于特称描述语的争论。如果一个孩子告诉我："我昨天射杀的那头熊块头很大。"这话是不是断定了这头熊的存在呢？万德勒是这样回答的：这句话固然没有断定有这头熊，但这句话隐含了另一句话，即昨天我射杀了一头熊，而昨天我射杀了一头熊这句话断定了这头熊的存在。万德勒判定，罗素的主张过强，而斯特劳森的主张则太弱。

二

第三章讨论四个全称量词：*all*, *every*, *each*, *any*。这四个词都是概括命题的标志，因此，在量化逻辑里都用同一个符号来表示，通常是用(x)。逻辑学家认为这样一来，既保留了这些量词的主要逻辑特征，又清除了一大堆令人无所适从的模棱和混乱。万德勒虽然承认量化逻辑的做法有自己的优点，但他又指出，把这几个词捆在一起，当作同一个逻辑结构的不同修辞风格，是很有疑问的。这些词在使用中的区别，并不只是修辞上的差别，而是含有重要的逻辑区别。

这些词有时可以互相代替，不影响句子的意思或句子的真值。例如所有(*all*)那些木块都是黄的这句话也可以说成是那些木块每个(*every*)都是黄的。但在有些情况下就不行了，例如所有那些木块的数目是17就不能说成那些木块中每个木块的数目都是17。反过来，该部落中每个成员有两个妻子也不能说成该部落中所有成员有两个妻子。这些词虽然都是全称量词，但所有、一切之类是在**集体**意义上应用于整个集合，每个、各个之类则在**分离**意义上应用于整个集合。法官走进法庭，书记喊"全体起立"而不会喊"各个起立"。

all 表示所有、一切，*every* 和 *each* 表示每个、各个。万德勒还更进一步探讨了 *each* 和 *every* 之间的细致区别。

any 和 *every*、*each* 在用法上的区别就更明显了。我拿来一篮苹果对你说："全拿去"或说"每一个都拿去"，你都可以把一篮子都拿走。但若我说"拿去任何一个（*any*）"，那你可就只能拿走一个。好在你可以拿你最想要的那个，因为任何这个词允诺了选择的自由。"任何"所含的选择自由从反面来看可能更清楚：我强迫他拿走任何一个几乎不合逻辑。一旦行为做出了，选择的自由也就没意义了，因此我们只能说他可以拿任何一个，却不能说＊他拿走了任何一个。

任何和每个、各个的另一个重要的区别在于各个和每个适合于实存性的文句，而任何则坐落在非实存性的文句中。任何永动机都将违背热力学第二定律这话并不暗示有过或会有一台永动机。"任何型"命题只谈条件或只谈是否可能，因此可以用来作归谬论证之类。

在这一点上，所有显得模棱两可，它可能指示实存也可能不。所有可以出现在具有实存含义的命题中，这是由于那里有某种别的指称机制，如定冠词、指示代词或物主代词，它们能和所有结合在同一个名词短语之中。

大多数科学命题具有"所有……"这样的形式。这里的所有，既可以理解为每一个，又可以理解为任何，而这两种理解相去甚远。万德勒像卡尔纳普一样，倾向于后一种理解。我们如果把所有乌鸦都是黑的理解成世上的每一只乌鸦都是黑的，其概率就接近于零，只要出现一只得了白化病的乌鸦，这命题就被证伪了，但若理解为我们能够选出的任何一只乌鸦都是黑色的，那么，不管世界有多大，不管乌鸦有多么多，从已有的证据来看，这个法则成立的概率都极高极高。

以上这些研究结果表明，如果我们只是简单地应用逻辑量化理论，就可能抓不住日常使用量词时所涉及的全部逻辑内容。

三

第四章谈动词与时间。动词和时间关系密切，德文表示动词的词是 *Zeitwort*，直译就是"时间词"。从前的语法研究多半限于研究过去时、现在时、将来时这些明显的区别，但现代语法开始研究动词用法中包含的更加微妙的时间概念。这一章主要探讨动词的四种模式或时相。

我们可以把动词分成过程动词和非过程动词，在英语里，过程动词有进行时，例如 *run* 就是个过程动词，非过程动词则没有进行时，例如 *know*。你在一段时间里正在跑步，但你并不在一段时间里正在知道，跑步似乎是由一个一个动作接续而成，知道却不是这样一个过程。

过程动词又可以分为两类，一是活动词项，二是目标词项，跑是一个活动词项，跑三千米则是个目标词项。一个人跑了一会儿然后停了下来，他刚才还是跑了步。但若一个人参加三千米跑步，跑了一半停了下来，他跑三千米这一点就不为真。跑三千米有一个目标、终点或顶点，他可以完成跑三千米，但说完成跑步就没有意义。画一个圆圈、长大成人等等都是目标词项。对于活动词项，我们问：他跑了多久？对于目标词项，我们问：他用了多少时间？

非过程动词也可以分为两类，一是成就词项或到达词项，二是状态词项。到达（山顶）、赢得（比赛）、认出（某人）、看见、死，这些都是到达词项，这些事情是在一个时间点发生的。爱、知道，这些是状态词项，这些事情在一个或长或短的时间段内为真为假，这段时间，在英语里是用 for 而不是用 at 来表示的。

总结下来，我们共有四个时相：1. 活动词项；2. 目标词项；3. 到达词项；4. 状态词项①。前面两个合为过程词汇，后面两个合为非过程词项。

对于 2 和 3，我们都能问"你用了多少时间？"但意义不同，我用了三小时到达山顶，是指我在到达山顶之前用了三小时，而非在这段时间里我都正在到达山顶。到达词项既然指示一个时间点，所以这事的开始就是这事的完成，我看见飞机和我看见了飞机是一回事，在汉语口语中，到达动词实际上一般必须连着"了"一起说。

看见与观察不一样，观察是个过程动词，看见通常不是。不知道这一点，在传统认识论中造成了很多混乱。人们把看见当作一种感觉，把感觉当作一个过程，于是人们会问："当我们看见一样东

---

① 相应的英文分别是：1. activity，2. accomplishment，3. achievement，4. state。

西的时候发生了哪些事情?"万德勒这里有一段精彩的笔墨,值得引用——

> 一个水手站在甲板上看着前方说道:"一片漆黑,我什么也看不见。"过了一会儿,他说:"现在我看见一颗星星。"我们问他:"发生了什么?""云散了。""可此外还发生了什么?""此外什么都没发生。"当然,在世界上和水手的心里发生了许多事情。但他的"看见"却不是所发生之事中的一件。(第147页)

状态词项和过程词项的区别更加明显,不必多谈。但关于状态词项,另有两点有趣的现象。其一,状态动词和条件句连用的时候,在状态动词前加上"能",意思没有什么改变。如果他读过康德他就能知道答案的意思差不多等于如果他读过康德他就知道答案。在某种意义上,能知道就是知道,能爱就是爱。活动动词的情况就不是这样。如果我的腿伤好了我就能打篮球并不意味着如果我的腿伤好了我就去打篮球。你当时说"如果她不乱花钱我就能爱上她",她果然不再乱花钱了,你这时说"我当时只是说我能爱上她,但没说我会爱上她",这话貌似合乎逻辑其实只是诡辩。

状态动词的第二个有趣之处是,从时相来看,属性和状态动词极为相近。已婚的、是硬的和知道、喜欢一样,都是一段时间中的状况而不是一个过程。因此,状态动词(以及一部分成就动词)类乎性质,它们并不指谓活动、动作。动词用于表示习性的时候也落入状态动词一类。I'm smoking 是一种活动,I smoke 则是一种习性或一般状态。这里还有另一个有趣之点。说我为总经理开车，可能是指一般状态，也可能是指当时正在从事的活动，即我正在驾驶一辆汽车。但一个国王却只能在一般意义上说到我统治。国王当然有很多具体的活动，他在国会讲演，在国宴上吃龙虾，但没有一种特定的活动叫作"统治"。因为统治是一种繁杂不一的活动，没有哪种特别的行为，例如在国会讲演，算作统治。

对动词模式的这些更深入的研究有助于澄清许多颇具哲学重要性的概念。就说想或思想，它表示的是一个一般状态还是一个特定活动？有时是此有时是彼。在思念这个意义上，想或思想是个活动词项，终宵劳思想的人整夜里无时无刻不在思念；在"认为"这个意义上，想或思想是个状态词项。我想那人是个混蛋，我在很长一段时间里都有这个思想，但我无需在任何一段时间里想到那个人。万德勒还沿着类似思路考察了另一些重要的哲学概念如相信、知道、理解等。

四

第五章谈论事实与事件的区别。这是从奥斯汀与斯特劳森的一场争论说起的。斯特劳森称，现象、事件等等存在在世界中，事实则不存在在世界中。奥斯汀反对这种说法，其中一个主要的论据是：事件和事实往往是一回事，德国人的崩溃既是一个事件又是一个事实。万德勒认为，奥斯汀在这里犯了一个严重的错误，德国人的崩溃既能表示一个事件又能表示一个事实，但并不能由此得出结论说有些事件是事实或有些事实是事件。事实和事件是有明确区分的，例如，我们经历事件，而不经历事实。我们从直觉上就能觉察到这种区分，并且可以通过种种形式手法来加以表明，但若借用转换语法这种新的语言学工具，就不再逢事都求直觉，而是可以有一种系统的方式来说明这种区分了。

我们可以用一个句子来表示一个事件或一个事实，例如张三死了。在另一些句型里，张三死了这个句子可以转变为一个名词化语句或曰**动名语**，例如张三的死令我吃惊。这些从动词短语转化来的名词短语，和纯种名词的语法性质有明显差别。例如我们可以说张三的死是饱受折磨的后果，也可以说那是他的亲友悲伤的原因，但我们不能把纯种名词所表示的物体称为"后果"或"原因"，例如我们不能说＊张三是饱受折磨的后果。暴风雪可以是原因也可以是结果，但暴风雪属于一类特殊名词，可视作"类动名词"。

在名词化短语中，最关键的是原来那个动词变成了名词。在英语里，动词有好多办法变成名词，例如从 to move 生出了 moving、move、movement、motion 等多种名词形式。语句也有多种形式变成名词化的短语，例如从 John sings 这个句子可以生出

   the singing of John

   that John sings

   John's singing the Marseillaise（加宾语）

   John's having sung（加时态）

   John's being able to sing（加情态）

   John's singing well（加副词）。

名词化形式固然多种多样，但可以分为两大类。在第一类里，动词的名词化是不完全的，它在很大程度上还保留着动词的身份，因此可以携带副词、时态等等，*John's having died* 就是一例。在第二类中，动词已经完全变成名词了，因此不能再像动词那样携带时态、副词等等，*John's death* 就是一例，*death* 能加形容词却不能加副词，我们能说 *John's painful death* 却不能说 **John's death painfully*。

和动名语相连的是容器语句概念。在张三的死令我吃惊这个句子里，张三的死是动名语，令我吃惊则被称作"容器语句"。各种容器语句的宽容度是不一样的，例如，容器语句我提到过……是一个比较宽松的容器，我们既能说我提到过张三死了，也能说我提到过张三的死。相比之下，容器语句我认为……就不那么宽松，我们只能说我认为张三死了，却不能说＊我认为张三的死。

宽松的容器语句既可以接受完全名词化的语句也可以接受不完全名词化的语句，而狭窄的容器语句只能接受完全名词化的语句。不仅如此；当一个宽松的容器语句里出现的是一个完全动名语，我们总可以用一个与之相应的不完全动名语来代替它。例如，

The collapse of the Germans is unlikely

可以改写成

That the Germans will collapse is unlikely。

但是在一个狭窄的容器语句里出现的完全动名语却不能改写为不完全动名语，例如

The collapse of the Germans was gradual

就绝不能改写成

That the Germans collapsed was gradual。

通过对容器语句的细致排查，分出哪些是宽松的哪些是狭窄的，就能确定哪些动名语是完全的，哪些是不完全的或貌似完全却可以改写成不完全的。万德勒判定：前者指示事件，后者则指示事实。奥斯汀为 *the collapse of the Germans* 的表面语法所惑，混淆了事实和事件。

我们现在回过头来看奥斯汀与斯特劳森的那场争论：事实是否存在在世界中？分析哲学家的得意之处就在于，经过这种"捭头发丝"式的精微辨析，我们才可以有把握解答某些重大的哲学问题。

万德勒分别考察了物体、事件、事实三项。在空间意义上，物体显然存在在世界之中，一顶帽子有形状有位置，可以移动，可以放在帽盒里面。然而我们却很难说物体在时间之中。帽子并不开始、持续、结束。事件则主要是时间性的存在，一件事情发生、持续、结束，它是突然的、或长久的、或逐渐的。但事件并不直接处在空间之中。德国人的崩溃可能发生在 2000 英里长的战线上，但并不能说德国人的崩溃有 2000 英里长。事实则根本不处在于时空之中。"它们没有处所，不能移动、分割或扩展，它们也不会在任何意义上出现、发生或持续。也不能说它们是巨大的或快速的。"（第 178 页）

汉语语法和英语语法差别很大，关于汉语语词分不分词类，曾有长年的争论，现在多数语法学家承认有词类之分。于是我们不妨说，运动、生活、比赛这些词，有时用作动词有时用作名词。但这些词的名词身份是从它们的动词身份转变过来的吗？关于汉语里有没有名词化或曰名物化，语言学家还在争论。我们不妨从下一个问题反过来看：如果汉语有动名语，这些动名语是否能分成完全的和不完全的？据我个人的粗浅考察，汉语没有不完全的动名语，汉语没有对应于 *that John sings*、*John's singing well* 这些表达方式的结构。换言之，在汉语里，一个词要么用作名词，要么用作动词，没有间于两者之间的用法。苟若如此，谈论汉语的名物化或动名语就没什么意思了。

汉语名词也有指物指事之分，我们能说轰炸开始了、雪崩过去了，但不能说帽子开始了、帽子过去了。我们在概念里也有事态和事实的区分，事情可以发生、经过、结束、过去，事实却不发生或过去。但若汉语没有动名语或至少没有完全动名语和不完全动名语之分，我们该根据哪些语言现象来区分所指是事态还是事实呢？换言之，如果汉语里一个语词只要是名词性的就是完全名词性的，那么我们就没有一种语词设置是专门用来表示事实的。那么，当我们需要明确区分事实还是事态的时候，我们就必须明说，火灾发生了里的火灾是指事态的，火灾证明市政管理何其混乱里的火灾是指事实的。当然，这还是非常初步的想法，要确定汉语在这方面的特征，还需要大量的实证考察。

五

第六章讨论表示因果的语词族。英语里表示因果的是 *cause and effect*，万德勒考察了这两个词，以及与它们同族的 *result*、*consequence* 等等。稍加检索就会看到，所有这些语词，以及与之相应的汉语语词如原因、结果、作用等等，都是动名语，换言之，都表示事实或事态而不表示物体，没人会说一只猫、一张桌子是某事的原因或结果。万德勒也考察了一些貌似的例外，例如月球对洋面产生作用。他认为，这个句子是月球的引力对洋面产生作用的一种缩略，而引力是一个动名语类的语词。插入引力这个动名语并不是为理论打圆场，因为我们并不能任意为之，例如月球没有植被这句话，就无法插入一个动名语转变为月球的……没有植被。

如上所述，以及能够称之为 *effect* 的，例如辐射、地震等等，都是动名语，也就是说，*effect* 不是物体。更进一步考察，能称之为 *effect* 的，都是完全的动名语，而不是不完全的。按照上章的分析，我们不难得出结论：*effects* 是世界里的事件或过程而不是一些事实。原子弹爆炸会使大地剧烈震动，这种剧烈震动会波及一个广大的地区——是大地的剧烈震动这件事情、这个过程波及广大的地区，而不是大地的剧烈震动这一事实波及一个广大的地区。

剧烈震动是爆炸的 *effect*，这里，不仅震动是个完全的动名语，爆炸也是，震动是件事情，爆炸也是件事情，不是物体或事实。所以，*effect* 可以发展出一个链条：原子弹爆炸的 *effect* 是辐射，辐射的 *effect* 是肿瘤的生长，肿瘤生长的 *effect* 是机体的死亡，等等。

用同样的方法来考察，我们发现，*result*（结果）和 *effect* 不同，*result* 表示的是事实而不是事态。大地的剧烈震动既可以是爆炸的 *effect* 也可以是爆炸的结果，但结果不能波及一个广大的地区，另一方面，结果可以被断言或否认、记住或忘记。

consequence（后果）和结果属于同一范畴。后果和结果也有区别，不过它们的区别比较微妙。第一个区别是：一般只有谈到人类行为的时候才说后果。第二个区别在于：我们可以有意获取某种结果，却不会有意获取某种后果。后果仿佛是某种不请自来的东西。

有句笑话说：走运的得了结果，背运的背上后果。

万德勒接着考察了 *cause*（原因）这个词。通过上一章确立的检验手段，我们发现 *cause* 是表示事实的。只说论据中的一点：原因可以是否定性的，例如张三没有看见红灯是撞车的原因，显然，张三没有看见红灯不是一个事态或过程。

原因虽然是表示事实的，但原因所导致的却是某种事态。张三没有看见红灯是个事实，撞车却是个事态。用万德勒的术语来说，*cause* 是个混合双位容器。据万德勒考察，"路面下的土壤中的水汽都结成了冰，水汽结冰导致土壤的体积膨胀，土壤体积膨胀又导致路面升高，路面升高又导致沥青路面发生断裂"这样一段话里，水汽结冰等短语在前一句话里是表示事态的，在后一句话里则是表示事实的。

我们不妨把 *effect* 链条、*result* 链条、*cause* 链条放在一起比较一下。*A* 是 *B* 的 *effect*，这里 *A* 和 *B* 都是事态，*A* 是 *B* 的 *result*，这里 *A* 和 *B* 都是事实，但若 *B* 是 *A* 的 *cause*，*B* 就是个事实而 *A* 却是个事态。换言之，*effect* 链条和 *result* 链条都是同质的，*cause* 链条则是异质的。这引起了一个严重的后果。*effect* 总是某种事态而不是某个事实的 *effect*，所以，*effect* 就不可能是 *cause* 的 *effect*。人人都相信"所有 *effect* 都有个 *cause*"是一条最普遍的哲学原理，但现在，这条原理根本上就不成立。

因果概念是理性思考的核心概念，对原因、结果、作用、导致这些词的词性分析，即使只构成因果概念分析的一个小部分，也应当是一项富有意义的分析工作。但若汉语里没有完全动名语和非完全动名语的区分，我们就无法用万德勒的方法来测试这些语词表示事态还是表示事实。另一个办法是看看这些语词是否能与发生、出现、消失、逐渐等语词搭配。测试的结果非常复杂，这里只能简要提到几点。作用可以逐渐发生、逐渐消退。结果通常不是发生的，而是产生的，但是一旦产生，就不再逐渐消失。原因则既不能发生也不会消失，原因存在或不存在。这些初步的测试结果提示出多方面的线索，即使单就事态／事实的区分来看，也会使这一组范畴的区分和联系变得更为丰满。

在这一章里，万德勒还谈到一个重要的现象：语词在哲学里以及在科学里的用法经常和它的日常用法大相径庭。不妨说，很多语词过着"双重生活"。原因、结果这些语词是些典型的例子，受过教育的人听到父母是儿女的原因或观念是由某些原因产生的不觉得奇怪，但这些语词平常却不能这样用。这就涉及一个巨大的问题：哲学以及科学在多大程度上、以何种方式有权制造术语。万德勒指出，在这一点上，哲学和科学的权利是不一样的。说到哲学家以不同的方式使用某个语词，大致有两种可能的辩护。1.我要用一种新眼光来看世界，为了达到这一点，我不得不以某种新的方式来使用某些语词。万德勒不反对这一种。2.我在作逻辑分析，你要是跟随我分析，就能解决你的哲学困惑。万德勒质疑说：你要分析的是什么——是产生原始困惑的日常概念，还是你自己创造的语词？如果这位哲学家所从事的是第二种而声称在做第一种，他的分析多半要错。情况往往是，哲学家创造了自己的概念，然后去分析它，如果他的工作始终一贯，那么他的分析所得到的恰恰是他自己放进去的东西。

这是一个极有趣的问题，但限于篇幅不在这里深谈了。

六

　　第七章的主题是讨论 *good* 这个概念，这是伦理学中最基本的概念，分析哲学派的伦理学家一直希望通过对 *good* 这个词的分析来推进伦理学。在这方面，摩尔的工作是开创性的。摩尔曾断定：*good* 像黄色一样是一种简单属性，但他又认为，黄色是一种自然属性，*good* 则是非自然的。自然属性可以独立于物体而存在。实际上它们不是附属于物体，而是构成物体的部分。然而像 *good* 这样的非自然属性则只能依附于某个主体。万德勒在本章中，希望运用新的语言学手段来说明摩尔的直觉在哪些方面是有道理的，道理何在，而在哪些方面不大确切甚至错误。

　　本章的主要工作是引入一种对形容词进行分类的新方法。形容词有若干种方式和它所形容的东西连结。有红椅子也有舒适的椅子，但有红苹果却没有舒适的苹果。红椅子和舒适的椅子都是一个形容词加一个名词，但红和舒适对椅子的关系不同，红可说直接和椅子联系，而舒适却是通过某种活动和椅子联系的，舒适的椅子说的是这椅子坐着舒适，红椅子却不暗含这样的结构。

　　正因为这个，有些形名结构会产生歧义。你那个优雅的舞伴可能是说他长得优雅也可能是说他跳舞跳得优雅。万德勒列举了一些主要的形名结合方式，例如：

　　1. 红椅子→椅子是红的。在这种结构中，形容词直接和名词连结，因此可说是连结得最为紧密。它们所指的属性，似乎不是依附在主体上面，而几乎是主体的一个部分。表示颜色、形状、种属的形容词不仅表示属性，它们经常被视作名词，例如红色是一种热闹的颜色。

当我们用好几个形容词来形容一个名词的时候，我们会习惯于采用特定的排列顺序，这个顺序也反映出这些形容词和名词之间的关系有近有远，例如我们会说优质的沉重的红椅子，而不说 * 红色的沉重的优质椅子，因为颜色几乎是实体的一个部分，而优质却像是依附在实体之上的。

2. 优雅的舞蹈者→舞蹈者舞得优雅。快马是指马跑得快，在这个词组里，快是通过一个隐藏的动词和马连结的。我们不能摹仿快马这样的结构编出快苹果、快椅子这样的形名组合。

3. 有一种结构与第二种方式相像但不完全相同。比较一下好厨师和好饭菜，好厨师做饭做得好，好饭菜吃起来好，厨师是做饭的逻辑主语，饭菜则是好吃的逻辑宾语。

第二类和第三类都暗含了一个动词，所以它们所形容的名词多半含有比较明确的功能。说到好刀、好马，我们大致明白刀好是好在刀锋利，马好是好在马跑得快，因此，好行星这样的词组会让人一头雾水。仁慈的母亲意义明确，听到仁慈的舞蹈家就难免要琢磨琢磨，反过来，高个头的母亲不如高个头的女人听起来那么自然，高个头属于第一类形容词，不喜欢和具有功能的名词连结。

4. 小象、大跳蚤→对于象来说是小的。对于跳蚤来说是大的。

5. 还有一类形容词，它们不能形容指物的名词，只能用来形容动名语，例如我们常说必然的结局、可能的选择、有利的机会，而我们从不会说到可能的椅子、有利的马或必然的人。这类形容词的语法性质与前面几类就有更大的差别了。

同一个形容词可以出现在好几类里，也就是说，可以通过好几种方式和所形容的名词连结。good 就是这样一个词。这些我们不细讲了，和伦理学直接有关的是下面这一点。前面说过，好这个词通常是就名词暗含的功能而言的，我们能理解好马，但不知道好行星是什么意思。好诗人诗写得好，好父亲对孩子好，但好人呢？人也有什么明显的功能吗？但好人这个短语理解起来却很自然。"怎样才算一个好人？人的功能是什么？这些问题将引我们远远超出这个词的语法领域。……即使有了一套完备的语法，我们也不过刚刚起步。"（第 238 页）

七

我们现在回到本书的第一章，万德勒在这一章里探讨了一个根本的问题：语言学对哲学有益处吗？在上面介绍的六章里，万德勒通过对一些名词、量词、动词、动名语、形容词的研究得出一些哲学结论，似乎已经表明了语言学对哲学的确是有帮助的。但正如万德勒自己说，哲学并不满足于"事实胜于雄辩"，我们需要对各种重要的反对意见作出逻辑上的辩驳。

很多哲学家从原则上怀疑这一进路的可能性。万德勒讨论了对立立场的几种论证，其中主要的一种是：语言学是经验科学，其结论是经验概括，是表述偶然事实的，哲学活动在先天真理领域，哲学命题不是经验性的概括，也不能由经验性的概括来支持。与此紧密相关的立论是：对自然语言的研究基于某种特定的自然语言的结构，而哲学则要求达到普遍性。举两个例子。*To know* 没有进行时或持续时,结论:它不是行动而是状态。但德文、法文中没有进行时,无法以此区分两大类动词。可见,这个论证若在德语、法语里就不成立或曰根本不能展开。然而我们却不能说,*to know* 在英语里不是行动而是状态,"在英语里"显然是多余的,因为 *to know* 本来就是英语词。再举一个例子:英语里表示因果关系,用的是 *cause / effect*,经研究,*cause* 属于事实范畴,*effect* 属于事态范畴。但汉语里的结果一词通常却是表示事实的。那么,对 *effect* 这一英语词的研究能得出什么普遍的哲学结论呢?万德勒提到赖尔的一段话:"休谟问题关系到的不是 *cause* 这个词,而是 *cause* 一词的用法。它恰恰也同样关系到 *Ursache* 一词的用法。因为尽管 *cause* 和 *Ursache* 不是同一个词,它们的用法却是相同的。"万德勒评论说:"这是个匪夷所思的断言。赖尔若不曾对两种语言都做过详尽的研究,他怎么知道 *Ursache* 与 *cause* 的用法相同?……只说一点:*cause* 一词既是动词也是名词,而 *Ursache* 从来就不是动词"。(第14页)万德勒指出,休谟对于 *cause* 的用法,与通常英语中 *cause* 的用法简直毫无关系。那么,我们在谈论原因的时候,是在谈论超然于所有语言之上的普遍的原因概念呢?还是在谈论 *cause*、*Ursache*、*causa*、αιτια、αρχη 呢?然而,即使我们谈论的是普遍的原因概念,还是得用一个词把它表示出来,而这个词不是原因,就是 *cause* 或 *Ursache* 或什么,我们转了一圈不又回到了起点吗?①

  万德勒所作的辩护从语言和象棋的类比开始。语言和象棋都

---

  ① 这个问题相当复杂,本文并未加以探讨。我的回答大致是:休谟考察了 *cause* 一词所指涉的现象,把这些现象重新梳理组织为一个新的概念,这个新的 *cause* 概念由于清除了普通 *cause* 一词中所包含的一些特殊内容,因此具有某种普遍性,但这并不意味着新的 *cause* 一词是 *cause*、*Ursache*、*causa*、αιτια、αρχη 这些词的共相。

是按照规则进行的活动或曰有所规范的活动。有了规范，活动就有对错之分。这一点把规范活动和自然运动区分开来：自然运动不可能违反规律，如果我们发现水星摄动不合乎力学定律，那不是水星错了，而是我们的力学出了错；但若谁在棋盘上把马跳了个田字步，那是这一步不成立，而不是规则出了差错。

依规则进行的活动产生一种有趣的现象。规则本身是约定的，但一旦作出这些约定，就会产生某些必然的结果。例如国际象棋规定兵平常只能直行但只能吃斜前方的子儿，因此，看到同一列上有一方的两个兵，我们就能推断出其中至少有一个兵曾经吃过对方的子儿：这一点不是从我见到的很多棋局中归纳总结出来的，而是在给定规则之后就可以先天得出的结论。相反的事情不是不寻常，而是根本无法设想的。斜着吃子儿这个规则是约定的，是偶然的，在这盘棋中棋手吃了对方一个子儿也是个偶然的事实，但在这个特定的游戏中，两件偶然的事情却必然地联结到了一起。给定了象棋规则，这两种情况的联系就是先天的联系。万德勒把语言学家比作通过观棋来总结象棋规则的人。语言学虽然是经验性的描述，但对规范性活动的经验研究有别于对纯自然活动进行观察和概括，观棋者可以询问或测试对弈者：“你能这么下吗？”他所关注的不仅是对弈者在做些什么，而且是他们对这门游戏都知道些什么。在这里，观察者不是一般地进行经验概括，而是在对那些被允许的活动进行编码。他的描述是"规范性的描述"。他从事的是一项经验性的研究，得出的结论属于偶然真理，但这些偶然真理却能产生必然真理。

所有遵循规则的活动都能产生这类"先天综合命题"。"语言这种'游戏'所产生的先天真理便不是微不足道的真理，它们将是所有话语和概念思考的至上的、不可避免的法则，换句话说，它们正是哲学家应当去发现和表述的那些法则。"（第21页）之所以需要去"发现"，原因在于先天真理并不都是一望而知的，有些先天真理需要通过复杂的演算才能发现，例如我们不能只用一马一象将死孤王，这是国际象棋中的一个先天真理，却只有经过专门研究才能确定。与象棋比较，语言中的先天真理有很多就更难掌握了，因为有很多规则还未被陈述，而有些先天真理又离开这些规则很遥远。因此，语言结构之中包含的某些先天真理对讲母语的人仍隐而不彰，所以，只有语言学家才能发现关于语言的某些真理，这不是什么可怪的事儿。外行对语言的考察固然有时也可能获得有趣的正确的结论，但这些零星的、就事论事的考察很容易对语言现象作出错误的说明。语言学家恰是专门为语言编码的人，因此，哲学家应该欢迎语言学家能为他提供的任何帮助。哲学家受用语言学家的成果，但他得出的结论是哲学结论，而非语言学结论。

八

前面介绍的不少观点我存有疑议，例如以"所有"开头的科学命题是否应解释为"任何"而不解释为"每一个"，例如活动动词和目标动词是否具有范畴上的区别，例如事件是否不直接具有空间性。万德勒自己也申明，这本书只是对诸如此类的问题提出一些线索和尝试性的解答。不过，要更深入地探讨其中任何一个问题都需要相当的篇幅，我在这篇导言里只打算就语言学和哲学的关系作点讨论。

万德勒的论敌区分经验概括和先天真理，万德勒接受了这种区分，但他尝试通过规范活动的概念使经验概括和先天真理取得一种联系。我认为万德勒的立论包含不少疑问。我们可以从下面这个问题开始：发现语言中的先天真理到底是哲学家的工作还是语言学家的工作？万德勒有时这样说，有时那样说。的确，语言学家也根据资料作逻辑的推论，这些推论也是先天的。所以，问题依然是：从同样的资料得出的哲学结论和语言学结论在何种意义上是不同的？例如，知道不是一个活动动词，这是语言学结论抑或是哲学结论？弄清楚物体、事态、事实的区别，是一项哲学工作还是一项语言学工作？

如果从经验概括和先天真理的分合入手，那么，我们所面对的就不止是研究规范活动的科学和哲学的关系问题，而是面对一般科学和哲学的关系问题。物理学面对的是纯自然的现象，但物理学显然不止于从现象中概括出一些偶然的真理，物理学依据这些真理进行大量的推论，得出大量的"必然真理"。

按照我的看法，用经验／先天是无法区分哲学、人文思考和实证科学的。只说一点：观棋者、语言学家、物理学家并非始终在进行经验概括，他们的结论并不都是通过纯粹归纳得出的。以最简单的观棋者来说，他所做的事情远比从实例进行概括来得复杂，他依赖很多默认的东西并不断调整这些东西，例如，他默认这个游戏是有规则的，这些规则相当简单却使游戏有趣，[①] 游戏者希望赢棋，等等。观察者在观察时实际上在不断求援于他的其他经验，不断运用包括逻辑运算在内的各种论证。简单说，没有任何编码者或科学家

---

① 他因此不会去假设需要一年才能掌握的复杂规则系统，不会去假设会使每局棋都成为和棋的规则，等等。

是在对现象进行简单概括，他在每一步都要协调所默认的东西之间、所观察到的现象之间以及这两大类东西之间的复杂联动关系。为了适当地描述这种协调的机制，我认为我们必须从根本上重新审视偶然真理和必然真理的区分。这首先在于，我们不可轻易把数理演算之外的真理统归为偶然真理，不可把并非绝对必然的东西统称为"偶然的"。万德勒说，把规则定成这个样子并非必然。这话不假，然而却强烈误导。语言的深层规则也许不像乔姆斯基所设想的那样完全是必然的，这却并不意味着一种语言想怎么制定规则就制定了哪些规则。棋类游戏的设计尚有种种限制，语言规则的要求还要高得多：它得能对付现实。

那么，我们先不问：语言学究竟能不能以及在何种意义上有助于哲学探索？我们问：实证科学以及一般所谓社会科学、人文学科能不能有助于哲学探索？以及一个更一般的问题：一个见解是哲学见解或曰富有哲学意义，这话是什么意思？哲学一般被认作具有普遍性，这也许不错，但若把普遍性理解成"放之四海而皆准"，那就错了。在我看，这里的"普遍"更近乎"弥漫"。对具体事物的某种理解，有的具有这样的弥漫性，有的没有。例如，物体／事实／事态的区分具有这种弥漫性，因为这些区别直接关系到"在世界中"这样的基本概念。语言学家也可以关心物体／事实／事态的区分，因此努力去澄清这些区分，但其目标不同，他们是为了更系统地阐释和掌握语言现象，而不是要由此出发去解释其他领域的形形色色的现象。此所谓这些结论的逻辑地位不同。

哲学不同于神话，哲学通过事实来理解世界。哲学家关注各种领域中的事实，包括语言领域中的事实，他要在其中发现具有普遍解释力的因素。实证科学创建了很多有助于确定事实的新方法，并从而提供了数不清的更多的事实。这么说，科学结论当然有助于哲学探讨。然而，这里有一个严重的限制。让我们想一想能量能从黑洞逸出或空间弯曲这些事实。这些事实是由高度形式化的方法确定的，它们作为科学结论严格地约束于获得它们的方法系统，因此它们缺乏弥漫性，我们不可以把这些事实或科学结论转移去为不受这个方法系统约束的现象领域提供解释。我们自可以采用"诗化"的方式，把这些结论作为比喻、作为直接的图像融入自然理解，但我们不能用这些结论来为某种哲学见解提供论证。在哲学书里，我们的确常见到人们用非线性代数支持辩证法，用海森堡原理来论证没有确定可靠的知识，科学家忍不住会嘲笑这种外行人的夸夸其谈。这种嘲笑并不都生于偏见。这些论证之所以并不成立，是因为哲学家或我们不了解这些结论所由以得出的方法。科学的系统方法把结论的意义限制在系统之内，限制在这门科学内部，不允许它们弥漫开来加深对其他现象的理解。一个经典的例子是，我们对时间的无限性深感困惑，这种困惑深深扎根于我们对人生短暂的感叹，同时又以思辨方式呈现：任何起点之前还有起点似乎是必然的但又是不可思议的。现在，宇宙物理学证明宇宙是有起点的，因而谈论大爆炸之前的时间没有意义。这个结论，无论它怎么可靠，消除了我们对时间无限性的困惑了吗？这个物理结论的哲学意义不超出奥古斯丁的回答：上帝创世之前没有时间。

　　这个道理连带说明了语言学结论和分子生物学或电磁学结论对哲学具有不同的关系。一门科学的形式化程度越低，它就越能够与哲学互通有无。比起电磁学的基本概念，语言学的基本概念明显地更富哲学意义，只要提到索绪尔的施指／所指、乔姆斯基的表层语法／深层语法，就可以明了这一点。我们还可以从语言学的发展看到这一点。索绪尔的结构主义语言学和初期乔姆斯基的语言学对哲学有巨大的影响，它们还没有那么专门的方法系统，它们的前提和结论在很大程度上不必依赖技术性概念而得到理解。而后期乔姆斯基的语言学专业化程度越来越高，所使用的概念不再富有那样浓厚的哲学意味了。

最后让我们来总结一下万德勒的主要思路和我自己的相应看法。据万德勒，我们通过对语言现象的经验考察认识到一些规则，这是语言学家的工作。这些规则是约定的因此是偶然的，但一旦认定这些规则，我们就可能获得某些基于这些规则的先天真理，而认识先天真理是哲学家的事情。我认为，语言规则并不纯粹基于约定，这些约定多半包含了很多道理，因此我们并非单纯通过归纳整理出语言规则，然后依据这些规则作出先天推论。把握这些规则和依据这些规则作出先天推论是同一等级的工作，实际上是混合在一起的。语言学家同时从事这两项工作，语言哲学家也同时从事这两项工作。但他们的目标不同。语言学家旨在更好地理解语言的内部机制，直到掌握这一机制甚至制造语言，哲学家从理解语言的机制走向理解世界，他不打算制造任何东西，而只是期待一种更深形态的理解生成。语言的哲学分析得出的道理是世界的道理，不是语言的道理。哲学家可以从语言学汲取营养，就像从各种经验各门学科汲取营养，不过，1.语言是和我们更加贴近的一个领域，哲学关心语言现象更甚于关心另一些现象；2.哲学无法从高度形式化的科学汲取多少营养，语言学越成为一门标准的现代科学，它对哲学的帮助就越少。

目　　录

第一章　语言学与先天 …………………………… 3
第二章　单称词项 ………………………………… 36
第三章　各个与每个，任何与所有 ……………… 85
第四章　动词与时间 ……………………………… 120
第五章　事实与事件 ……………………………… 148
第六章　作用、结果、后果 ……………………… 181
第七章　"好"（"善"）的语法 …………………… 209

有一些概念并不依赖于特殊的经验,然而却存在于一切经验认识之中,它们就仿佛构成了所有经验认识的纯连结形式。从普通认识中找出这些概念,这比较起从一种语言里找出实际使用单词的一般规则从而使它们成为一套语法的组成成分,并不要求更多的思考或更深的明见(实际上这两项工作是很接近的)。在后一项工作中,我们也提不出理由来说明为什么每一种语言都偏偏具有这样一些而不是那样一些形式特征,更提不出理由来说明为什么我们在那一种语言里所能碰到的形式规定恰恰是这么多,不更多也不更少。

康德,《任何一种能够作为科学出现的未来形而上学导论》

第一章　语言学与先天

第一节

要表明一件事可以做成，最好的办法就是去做这件事。古训曰：从"是"可以推出"能"（valet illatio ab esse ad posse）①。在下面的章节中，我将依据结构语言学的某些实际应用得出一些哲学结论。不过，从我和别人的大量的口头和书面交流来看，不少人强烈怀疑我这种工作是否成立。而且，反对的声音既不限于那些对任何一种语言学方法都持怀疑态度的哲学家，甚至也不限于那些怀疑哲学能从考察日常语言受益的哲学家——正是这一点才使我感到踌躇。实际上，新一轮的反对意见恰恰来自牛津学派成员或受其影响的论者，以及后期维特根斯坦的追随者们，换言之，来自那些非常关注日常语言的哲学家们。例如，在《日常语言》一文中，吉尔伯特·赖尔似乎暗示语言科学的结果对哲学层面的分析毫无用处，这一点在《使用、用法与含义》一文中表达得更加明确。② 又如，斯坦

---

① 这句拉丁文古训，平常是说：勇为之人以行动创造存在。——译者
② 吉尔伯特·赖尔：《日常语言》，载于《哲学评论》，第62期（1953年），第167—186页；《使用、用法与含义》，载于《亚里士多德学会会议纪要》（增刊），第25卷（1961年），第223—230页。

利·卡维尔在《我们是否必须意指我们所说的?》和《哪些是维特根斯坦后期哲学的见解》两篇文章中,从严格意义上的维特根斯坦观点出发,以更强烈的方式作出了与赖尔相同的断言。① 日常语言学派的哲学家为什么不愿意在他的工作中把关于日常语言的科学作为一种工具来使用? 我,以及和我采用相似进路的哲学家,若要在采用这一进路时肯定自己并非误入歧途,就必须理解和解释他们的抵触态度,如果有可能则克服之。

第二节

至少在我看来,阿尔斯顿②以及福多和卡茨③的文章尽管出色,但都没有充分回答上述问题。首先,我认为,他们都没有充分认识到"哲学陈述都是先天的"这个论断所带来的困难。福多和卡茨这样写道:

> 卡维尔的立场阻碍了人们充分理解日常语言哲学,因为牛津哲学家在讨论语词的使用时是在从事某种经验研究,而不是

---

① 斯坦利·卡维尔:《我们是否必须意指我们所说的?》,《探索》,第 1 期(1958年),第 172—212 页;《哪些是维特根斯坦后期哲学的见解》,《哲学评论》,第 71 期(1962 年),第 67—93 页。

② 威廉·P. 阿尔斯顿:《哲学分析与结构语言学》,《哲学杂志》第 59 期(1962年),第 709—720 页。

③ 杰里·A. 福多、J. J. 卡茨:《语言哲学错在何处?》,《探索》,第 5 期(1962 年),第 197—237 页;《哪些是我们所说的》,《哲学评论》,第 72 期(1963 年),第 57—71 页。

在揭示先验逻辑的真理……到目前为止，牛津哲学家与语言学家的区别主要在于两者的侧重点不同。从传统上讲，语言学家关注语音学、音位学、词法、句法方面的问题，而牛津哲学家们则几乎全力倾注于意义问题。有些牛津哲学家与众不同，而这只在于他们技高一筹，特别擅于就以英语为母语的人如何使用英语揭示出微妙隐晦的事实。至于在确证和否证的方法方面，他们既与语言学家也与其他牛津哲学家无所区别。[①]

这段话所含的意思是，牛津哲学家只不过是一群天资颇高的业余语言学家，热衷于探究我们的语言中某些迄今仍被忽略的特征。日常语言学派的哲学家的确可能列举语言学事实来支持他们的结论，实际上他们也经常这样做，但是，这些结论并不属于语言科学的范围：它们是些哲学结论，得出这些结论的人是在从事哲学而不是语言学。

如果福多和卡茨的假设成立，那么科学的语言学就会替代语言学哲学。尽管阿尔斯顿比福多和卡茨要谨慎得多，但是他所预见的恰恰是这一发展趋向：

对语言做纯粹形式上的分析，这本身并不能为哲学家提供哲学上的结果，尽管如此，这种分析会划分出一些通类，而哲学家满可以用他自己的方式来考察这些通类并因此获益[②]。

---

① 《哪些是我们所说的》，第 71 页。
② 这里可直译为："这种分析很可能会划分出哲学家以他自己的方式来加以考察就会获益的一些通类。"由于英文和中文语法不同，英文里不绕口的句子"直译"为中文

也就是说，语言学家通过形式程序所发现的通类差别可能与某些重要的概念差别相重合，于是，哲学家就可能从这些形式结论得到关于概念差别的提示……当然，若有一天语义学发展成熟，和语法一起融入了结构语言学，那时这两种研究工作在方法上的差别以及在结论的逻辑地位①上的差别就很可能趋近于零，虽然两者的最终目标仍然不同。②

我在这里要再一次否认语言学与哲学的"方法和结论的逻辑地位"可能相同。的确，哲学家会使用语言学资料，这些资料可能是他自己发现的，也可能是从专家那里借用的，但是，他必定要超越这些资料，得出逻辑地位完全不同的结论。③

第三节

福多和卡茨还提出了另外两个涉及语言学与哲学的关系的意见。在《语言哲学错在何处？》一文中，他们提出，"语言哲学应该被看作语言学哲学。它在各方面都是与心理学哲学、数学哲学、物

就可能很绕口。在不影响句义时，我们翻译时采用更合乎汉语的方式。——译者

① *status of conclusion*，这里若只说"结论的地位"就很不清楚，因为汉语的"地位"比英语的 *status* 宽泛得多。作者始终谈的是"逻辑地位〔身份〕"，故直接译作"结论的逻辑地位"。——译者

② 同上书，第 719—720 页。

③ 例如第五章所谈的完全动名语／不完全动名语，语言学所关心的是这两类语词的使用方式等等，哲学所关心的则是事件／事实这一区分的本体论意义，例如什么在世界中而什么不在世界中。所作的区分是一样的，但各自"得出逻辑地位完全不同的结论"。——译者

理学哲学等相类似的一门学科。"① 本可以认为这个提法无非是关于怎样使用术语的建议（然而是个容易误导的建议），但问题在于，他们认为卡尔纳普等实证主义者和赖尔等日常语言哲学家本想从事语言哲学却误入了歧途，也就是说，他们的哲学错在没有去做与他们实际所做之事不同的事。所幸，至少卡茨在后来的一部著作中认识到了这一看法是错误的。② 他提出了另一个看法：语言哲学是基于普通语言理论的对概念性知识的研究，在这里，普通语言理论是指"描述性语言学的理论"，而描述性语言学则"提供关于一切自然语言所共有的语言学结构的事实"。③ 尽管我对这后一种看法多了一些同情，但是我仍然认为它太狭隘了，因为我认为，即使某些语言学资料提供的只是某种个别自然语言的结构，它们也是真正的哲学洞见的丰富源泉。我希望本书将能表明这一点。

第四节

在我们现在讨论的领域里的大多数论文、文选、教材中，近来有一种严重的概念混乱泛滥成灾，在这一点上，卡茨对语言哲学的性质犹豫不决的态度是有代表性的。问题出在"语言哲学"这个包罗万象的短语上。我觉得我理应在这里停一下，从"语言哲学"包含的五花八门的内容中划分出一些相互有别的成分来。首先，确实有，或至少应该有"语言学哲学"这门学科。这门学科对意义、同

---

① 《语言哲学错在何处？》，第 221 页。
② 卡茨：《语言哲学》，第 4 页，注释 2。
③ 同上书，第 8 页。

义词①、同义语、句法、翻译等语言学共相进行哲学思考，并且对语言学理论的逻辑地位和验证方式进行研究。因此，语言学哲学是科学哲学的特殊分支之一，与物理学哲学、心理学哲学等并列。还有一门与语言学哲学有相当明显区别的学科，我倾向于叫它"语言概念哲学"。这门学科包括基于自然语言或人工语言的结构和功能的任何一种概念研究。举例来说，亚里士多德关于存在的哲学思考、罗素的特称描述语理论、赖尔关于心灵概念的著作，都在这类研究的范围之内。至于"语言哲学"这个包罗万象的短语，则可以留下来称呼语言哲学原初领域剩余的那些部分，包括关于语言的本质、语言与现实的关系等内容的或多或少具有哲学性质的论著。沃尔夫的《语言、思想和现实》，也许还有维特根斯坦的《逻辑哲学论》，就应归于这个范畴。②语言学科学和语言学哲学有可能携手合作，最后取代语言哲学，就像诸物理科学和科学哲学合在一起已经在很大程度上取代了以往的宇宙论思辨那样。而另一方面，语言概念哲学则只会因为我们不断增进对语言作用机制的理解而获益，而永远不会被语言学和语言学哲学的联合体吃掉。从上述区分来看，本书的主体显然当当正正处在语言概念哲学的领地之内。

---

① 同义词(paraphrase)，是指用另一些语词或句型来重述一个语句〔而大致保持意思不变〕，现在多译作"释义"，我们译作"重述"或"同义语"。——译者

② 作者这里区分了三种"语言哲学"，*philosophy of linguistics*，*linguistic philosophy*，*philosophy of language*。前一个译作"语言学哲学"，后一个译作"语言哲学"，想必没有什么异议，唯中间这一个，从字面上看，和 *philosophy of linguistics* 并没有多大区别，从内容上看，从作者所举的例子看，主要内容就是传统哲学中的概念分析，那么，叫作 *linguistic philosophy* 并不十分贴切。我们勉强译作"语言概念哲学"。好在这只是作者的区分，并未普遍采用，我们杜撰的这个译名行之不远也没有关系。——译者

第五节

上面所引阿尔斯顿的那段文字似乎意味着，到目前为止的语言学成果中有哲学意义的只局限于语法方面。我认为这是对现状的一个公正评价。因为尽管保罗·齐夫① 以及福多和卡茨② 已经初步尝试去建构语义学理论，但是说到能够在科学意义上提供语义学资料的大规模的经验研究，现在可说还没有开头呢。

语言科学直到现在还不能为我们提供语义学资料，所以在事关语义的时候我们还不得不依赖直觉，这肯定能在一定程度上解释为什么赖尔和卡维尔等人不看好语言学对哲学的作用。因为说到底他们主要关注的是语义学问题：某些词的含义是什么。关于语言学与哲学是否相关，卡维尔和福多、卡茨有一场争论，我们来看一看其中的一个典型例子。③ 最初，赖尔提出，具有重要哲学意义的自愿地一词只能与看来是某人的过错的行为连用。奥斯汀不以为然，他指出一个人可以自愿赠送礼物。卡维尔采取了一条中间路线，他提出，某种做法若用自愿地一词来描述，那么它至少有点可疑。最后，福多、卡茨拒绝接受卡维尔的看法，他们举可以自愿参军为例，在这个例子中，不见得有任何东西显得可疑。那么，究竟谁是对的？更重要的是，语言科学在这里能为我们提供什么帮助，尤其是

---

① 齐夫：《语义分析》。
② 福多和卡茨：《语义理论的结构》，福多和卡茨编：《语言的结构》，第473—518页。
③ 《哪些是我们所说的》所附的讨论和参考书目。

实际上提供出了什么帮助？答案很简单：毫无帮助，最多是提供了一点希望。碰到具有重要哲学意义的词，即使最好的词典也常常错得离谱。所以也难怪赖尔和卡维尔一直深表怀疑。

不过，赖尔和卡维尔等人所忽略的是，语言学的另一部分，也就是句法学，情况已相当不错。在这方面，最近十来年大有进展，应当说大有突破，从而我们现在掌握的英语语法学已经相当精当、相当有用了，尽管这部语法并不完备，也不统一，但满可以用来处理一些具体的语法问题了。[①] 所以，若问到"语言学与哲学是否相关"，公平地说，我们不能只指出语言学中未成熟的一个分支即语义学在这方面颇为失败，以此作为全部回答。不过，另一个问题是，句法学能为那些探索概念问题的哲学家提供什么帮助吗？答案是：能。这是因为，一个词的含义在很大程度上——当然不是说完全地——是由其句法规定的。最明显的一个例子是：一个词是名词、动词、形容词还是副词，纯粹是一个句法信息，指示出这个词在句子结构中的角色。显然，知道一个词的语法范畴，是理解其含义的第一步。幸运的是，我们将看到，句法的作用不仅限于此，关于语词的含义，它还可以告诉我们其他好多消息。而且，这些消息中有一些与当代哲学的热门课题大有关联，但恰恰由于哲学家们没有借助于结构语言学和转换语言学所提供的语法学见解，即使是那些最优秀的语言哲学家，尽管具有出色的直觉，结果却在讨论这些课题时出了大错。

[①] N. 乔姆斯基：《句法结构》；J. A. 福多和 J. J. 卡茨编：《语言的结构》；Z. S. 哈里斯：《转换理论》，《语言》，第41卷，（1965年），第363—401页。

第六节

　　我知道，仅仅指出语义学对实际研究工作没有助益，这还不足以解释赖尔和卡维尔这些哲学家为什么很不愿意在哲学园地中容纳语言学。他们还提出一些论点，而且是颇具说服力的论点，论证说绝不能用语言学成果来支持哲学结论。如果这些论点是正确的，那么，无论举出多少实例，我仍然注定是在幻觉中辛苦操劳——因为，虽说事实胜于雄辩，但面对完善的论证事实却也无能为力。所以，我现在就概括一下这些论点。我这里不限于赖尔和卡维尔提出过的论证，而是拓宽和加深他们的论证，以便把那些从根本上反对日常语言派哲学的作家们的争点也一道表达出来。

　　第一个反对意见是一个很难对付的观点。这个观点可以这样表述：语言学的研究结果是经验性的概括，因而是表述偶然事实的。哲学命题则相反，它们不是经验性的概括，而且也不能由经验性的概括来支持。所以，语言学结果都不能等同于哲学命题，也不能支持哲学命题。语言学家们自己都想当然地接受了这个论证的第一个前提。福多和卡茨也一样，他们追随乔姆斯基，大力强调语言学和其他经验科学的相似之处。现代语言学所采用的假说-演绎式的上层建筑只是更加强化了这个类比。这个论点的第二个前提涉及哲学的先天性质。也许有些人对此有争议，但是我的论争对手通常持此观点。我可以从他们自己的立场出发来讨论这个问题。有趣的是，那些捍卫哲学纯粹性的主要人物的言词常被原封不动地用来阐明他们的观点。卡维尔说，哲学家们所感兴趣的，是先天的东西，其基础则是讲母语者的"绝对不容置疑的陈述"。[①] 在类似的上下文中，R. M. 黑尔忍不住谈论先天综合命题。[②] 按照维特根斯坦自己的说法，哲学家"关注的不是现象，而可以说，关注的是现象的可能性。"[③] 哲学家的句法是"逻辑"句法，他的逻辑呢，再次引用卡维尔，是"先验逻辑"，而不仅仅是形式上的或是语义上的逻辑。[④] 哲学家要探究的语法是"深层"语法：[⑤]"这种知识就是维特根斯坦所说的'语法'，——康德所称的'先验'知识。"[⑥] 用赖尔的话说，"逻辑句法的规则既不属于一种语言，也不属于多种语言，它属于言说。"[⑦] 人们纷纷托庇于康德的麾下，防御语言学家攻入哲学的领地，但若我们想到在那些过分热衷宣扬"哲学语言学"的著作中，的确冒出了不少幽灵，让人大感不安，我们就不难理解上述倾向了。采访讲各种语言的当地人，把对话制成录音，把大量书面记录材料交给电脑处置，这些办法真的可以解决哲学问题吗？……

那么，上述论点是正确的了？不，不是的。不过，真正有意思的，并不在于论点的前提皆为真但论点本身却不正确，而在于尽管卡维尔们清楚地看到了使这个论点不能成立的关键，却仍然看不到这个论点是错的。我自己下面就来重述这个关键点。

---

① 《我们是否必须意指我们所说的？》，第 131 页及以下。

② R. M. 黑尔：《关于语词用法的知识是经验性的么？》，《哲学杂志》，第 54 卷（1957 年），第 741—750 页。

③ L. 维特根斯坦：《哲学研究》卷 1，第 90 节。

④ 《我们是否必须意指我们所说的？》，第 181—182 页。

⑤ J. N. 芬德莉：《使用、用法与含义》，《亚里士多德哲学学会会议纪要》（增刊），第 35 卷，（1961 年），第 231—242 页。

⑥ 《哪些是维特根斯坦后期哲学的见解》，《哲学评论》，第 71 期（1962 年），第 86 页。

⑦ 《使用、用法与含义》，第 230 页。

第七节

不过，在此之前我先要提到显然与上述论点有关的另外两个论点。其中一个从现代语言哲学出现时就随之出现了。那就是：我们不可能依赖某种特定语言的各种特殊性质来讨论任何真正的哲学问题。从一开始，日常语言学派的哲学家们就试图保护自己免受到这样的攻击。然而就在最近，梅祖麟已表明斯特劳森在"专名"和《个体》中用来支持他的结论的许多语言学论据在汉语中是不成立的。① 我自己也曾经 H. H. 达伯斯提醒，在"动词和时间"一文中我的有些论据是无法用汉语建构的。② 我们大多数人都不懂汉语，所以我选择一个较为③熟悉的例子来说明这一点。从赖尔在《心的概念》一书中的相关讨论开始。人们从下述事实引出了一些明显的哲学结论——一些极重要的动词，像知道、相信或爱，与跑、学习、思考这样的词不同，它们没有连续时态。比如我可以说我正在学习几何，但我不能说我正在知道几何。根据诸如此类的理由，哲学家们得出结论说，学习及类似动词表示动作和过程，知道及类似动词则表示状态和情态。然而麻烦是④，在德语或法语中，实际上在大多数印欧-日耳曼语言中却作不出这种区分。我们又怎么能知道其他

---

① 梅祖麟：《主词和谓词，语法初步》，载《哲学评论》，LXX(1961)，第153—175页。
② 达伯斯：《语言和哲学》，载《哲学评论》，LXIV(1958)，第437页。
③ 较为(more)，more 不能都译为"更"，有时要译为"较"。——译者
④ 也可以译作"然而问题是"，但论文中"问题"一词出现得太多了，能用其他词时就不要去用"问题"。——译者

类似的论据能在英语之外的其他语言中成立呢？那我们该怎么说这话？比如，说"知道在英语中不是一个过程"？但这算是个什么样的哲学命题？要么，我们在作出哲学论断之前得先做一番比较语言学的研究？我们断然不可以做的是像赖尔在《日常语言》中那样说："休谟问题关系到的不是"cause（原因）"这个词，而是"cause"一词的用法。它恰恰也同样关系到"Ursache"一词的用法。因为尽管"cause"和"Ursache"不是同一个词，它们的用法却是相同的。"① 这可是个匪夷所思的断言。赖尔若不曾对两种语言都做过详尽的研究，他怎么知道 Ursache 与 cause 的用法相同？而且，若两种语言的语素和句法结构不显示出一对一的相关性，这两种不同语言中的两个单词怎么可能有相同的用法？反正，但凡赖尔这个断言可以晓喻，它便显而易见是错的。只说一点②：cause 一词既是动词也是名词，而 Ursache 从来就不是动词。我要说这可是用法上颇为不小的差别呢。至于休谟对于 cause 的用法，我将有机会表明它与通常英语中 cause 的用法简直毫无关系。③ 对于休谟以及在他之前的洛克和经验论传统下的多数哲学家来说，桌子和椅子可以是由木匠导致（caused）的。但这张椅子是由琼斯导致的这话至少够古怪的。事情现在变得越来越麻烦了。哲学家对休谟的 cause 一词的用法感兴趣吗？那他应该试着找找看有没有一部休谟用语词典，找到了就好好研究一番。④ 他是对大多数讲英语者使用 cause 一词的方式感

---

① 《日常语言》，第 171 页。

② "只说一点"是译者加的。——译者

③ 见第六章。

④ 直译是：他就应该好好研究一下休谟用语词典，——如果有这么本词典的话。——译者

兴趣吗？那他应该着手从事这个课题所要求的规模巨大的经验研究。也许他是想找出 cause、Ursache、causa、αιτια 或 αρχη（这两个中的哪一个？）等等的公约数，这可要迫使他去从事一项规模更为巨大的比较语言学研究。但是我不得不提醒读者，我们的哲学家不愿做任何一项这样的经验研究，他的结论是先天的，他的句法是逻辑句法，他的语法是深层语法。

第八节

这引导我们进入第三个论点，这关涉到卡维尔的"讲母语者"的"绝对不容置疑的陈述"。[①]卡维尔的论点是借后期维特根斯坦哲学的框架和用语提出来的。关于哲学应当探询的是什么，他给出了有些多多少少带点儿"神秘"的教条作为结论。如果我们去掉这种神秘主义的装饰，剩下的大致是如下的观点：哲学家本人是讲母语的人，而且对他自己的语言格外精通，他是在同自己或者同其他讲母语者争论。精通一种语言意味着说话人不需要对下面这类陈述（绝对不容置疑的陈述）提供证据："在这些场合下我们会说……"或看"这样的事情我们会叫它……"。"他问的这些问题，我们能够通过回忆人们所说的或所意指的东西来回答，或通过掂量他自己对想象的情境的回应来回答。"[②]既然语言是我们的语言，我们将发现一些关于我们自己的事情，确切地说，我们提醒自己一些关于我们

[①] 《我们是否必须意指我们所说的？》和《哪些是维特根斯坦后期哲学的见解》。
[②] 《哪些是维特根斯坦后期哲学的见解》，第 86 页。

的思想方式的事情，我们所忽视所混淆的事情。卡维尔引证维特根斯坦说："我们这种探究的要点在于，我们不是要通过它学习任何新的东西。我们所要的是对已经敞开在我们眼前的东西加以理解。"①但若我发现你的说法与我的不同怎么办？好，这正是我们所发现的东西；这种见识使我认识到："一个人对另一个人可能完全是个谜"，"我们不理解（陌异国度）的人"，"我们无法进入他们的角色"。②哲学所要获得的是自知：关于我们自己的知识，关于我自己的知识，而我们和我可能同别人有别。那么，关于我的思考方式，所有的语言学结果能告诉我什么呢？它怎么能帮助我克服我思想中的混乱呢？无论人们怎样看待《哲学研究》中的方法，卡维尔对维特根斯坦思想的解释看起来是忠实的，有启发的。我大概是最不可能低估维特根斯坦方法的人，但是我不认为它使得语言学的研究结果对哲学变得无关紧要，当然，首先需要恰当地理解这些研究结果在哲学论证中的角色。

第九节

我将坚持认为语言学是哲学研究的工具，并将反驳刚才提及的三个论点。这些工作所根据的基本想法完全不是我自己原创的。实际上，在今天把语言比作游戏或其他所谓由规则支配的行为形式

---

① 《哲学研究》，第一卷，第89节。

② 同上书，第二卷，第223页。英文译本作："We cannot find our feet with them"，没有做到字面上的充分对应。［维特根斯坦的这句德文也可译作"我们在他们中间找不到自己的位置。"——译者］

已是老生常谈。在《哲学研究》一书中，语言-游戏是核心的概念，各种著述中也常见把语言比作象棋、桥牌，甚至苏格兰八人舞的例子。① 这种类比的要点很明显地在于，使用语言正如玩游戏一样，默认了说话人或玩游戏的人必须遵守的某些准则，但他也可以随意地违背这些准则。换句话说，他的行为可以是正确的或错误的，恰当的或不恰当的。这同人类行为其他方面或同自然过程大不相同。的确，后者也是由某些法则规范的，但若出现违背，这些违背本身仍然是人类行为的某些方面，仍然是自然过程。因此，对法则的任何[背离]不是自然的缺陷，而是法则的缺陷。水星近日点运动违背牛顿定律，结果我们必须修正定律而不能责怪水星运动不合定律。然而我在下象棋时突然把兵往后移动，我将因犯规而受责怪，我不能责怪规则不能解释我的走法。说到底，我的走法实际上算不上是走法，因为是规则决定了怎样才能算得上是走法。没必要再进一步讨论在哪些方面语言很像下象棋，因为大家对这个类比已经很熟悉了。

然而我想对此类比作一些评论。首先，我想指出：下棋并不是一个特别合适的比喻，因为下棋是一项严格编码和高度准确的游戏，而语言当然不是如此，没有人比专业语言学家更清楚地知道语言规则富有弹性，对时间、地点、谈话内容以及个人风格等各种因素有所包容。不过，讲母语的人尽管享有相当的自由，他总是很清楚自己是在讲母语，在这个意义上，语言仍然是一项规则支配的活

---

① 黑尔:《语词用法的发现是经验性的么？》。在我的讨论中，我要特别感谢 M. 布莱克,《必要的陈述和规则》,载《哲学评论》,LXVI(1958)第313—341页。

动。也就是说，他允许其他人使用同样的表达式。只要他所说的别人可以理解，那么别人这样说他也可以理解。与此相似，在规则较为松散的游戏中，例如玩打仗游戏或藏猫猫，一个参与者可以施展某种出人意料的计谋，但若他是诚实的，亦即意在创新而非意在欺骗，那么他将允许他的玩伴享有同样的自由。康德关于在行动中立法的道德主体的观念是我这里要说的东西的一个范例。[1] 我们甚至能制定所有游戏的"绝对命令"：在同一个游戏中，"做你也允许别人去做的一切"。对于语言则是：说你也能接受说同一语言的其他人所说的一切。从而我们看到，即使在最严格的意义上也能说语言是由规则支配的，尽管规则是松散的、可变的。一套给定的规则，例如我们在某本语法书中见到的，也许不够全面，也许会随时间、空间而变化，但是规则的调节性观念必须始终保持至高不易的地位。但理所当然，我们应该记取康德的告诫：调节性观念不产生先天综合命题。

我想提供的第二个考虑是：语言同象棋、桥牌、藏猫猫等游戏根本上有所不同。谈论下棋无须走棋，但是谈论语言，或谈论任何事情，我们都必须使用语言。再者，在描述棋局时我既可以用象棋的术语也可以不用它。换句话说，我对棋局的描述可以完全不受由游戏规则所塑造的概念框架的影响。设想一个不懂象棋的人，用安斯康姆女士的话来说，[2] 他将始终囿于"原初[3]事实"：在一些划成

---

[1] 康德的法的观念是承继了苏格拉底柏拉图法的习惯之律令同一的观念。——译者

[2] G. E. M. 安斯康姆：《论原初事实》载《分析》(1957—1958)，第69—72页。

[3] Brute，粗糙未经加工的，译作"原初"失去了这层生动的意思。——译者

格子的木板上移动一些象牙块。在某种意义上，他的描述是完整的。我们可以说，下棋的概念框架对于描述下棋来说只是可选择性的，亦即我们可以用它也可以不用它。但对于语言，情况就不同了。无论我如何使事实"原初化"，甚至把谈吐视作在某些场合下产生噪音，这些事实本身仍将在同一种成熟的语言中形成和表述——也就是说，仍将受到使语言成其为语言的那些规则和约定的影响。我甚至可以把我的语言视作偶然的东西，我甚至可以想见另一些表达方式，例如另一些语言或另一些语言游戏，但我的"视作"和"想见"仍只有借助某些概念才能存在，即借助从我希望"客观地"加以看待的母体中结晶而成的概念才能存在。从语言中挣脱"出来"的努力，对不受语言污染的"原初事实"的渴望，用卡维尔的话说，是"先验幻象"的一种形式。[①]

请想象一位棋手，他不能在原初事实层次上看棋，然而他了解规则的偶然本性。于是他可能说："事情可以是另一个样子，也可以让兵后退，也可以让王丢掉后游戏继续进行，直到一方所有的子儿都被吃掉"，诸如此类。但是他仍然说到王啊、兵啊和走法，而没有现存的象棋规则也就没有这些说法。

语言的使用者和这个棋手类似，只不过情况要糟糕得多：因为可以想象这位棋手最后学会了怎样从象棋规则对其思考的限制中摆脱出来，但无法想象若没有我们语言的"束缚"我们还能说任何事情，还能询问或质疑任何事情。当然，这种"束缚"根本就不是锁链，而是思想的器官。结论是：我们能够摆脱游戏规则加在我们

---

① 《哪些是维特根斯坦后期哲学的见解》，第86页。

身上的概念框架而仍然有意义地说话，但我们不可能抛掉语言加在我们头上的概念框架，否则我们就要陷入克拉底鲁那样的窘境，只能摆动摆动自己的手指了。[①] 不消说，换成德语或汉语来进行讨论也无济于事。那不是"解放"，只是换了个主人。

第十节

有些命题的真值是由规则支配的活动本身保障的，考察一下这样的命题，上节最后一点就变得更加清楚了。设想我看一盘棋，看见两个同色的兵处在同一竖列上，我会说："它们之中必有一个先前曾吃过对方的一个子儿。"我是怎么知道的？若说我们见过的所有对局中这两种情况都连在一起出现，回答是否充分？不，给定了象棋规则，这种关联就先天成立。相反的情况并非不常见或不大可能，而是无法想象。这里的关联也不是康德意义上的分析联系[②]：我们无须乎任何历史记录就能很好地理解棋盘上的某一个给定局面（想一想象棋题）。我们也许从没有意识到这种联系，但一旦注意到，我们就明白情况不可能是另一个样子。我们用这个小例子说明了什么可以叫作先天综合判断。这个例子可能微不足道，但它把我们引向"先天综合判断如何可能"的问题，而这可不是一个微不足道的问题，我们都记得，这就是那个先验性的主要问题。根据上面所举的例子，我们能提示一个回答。象棋规则把一种新特点赋予某

---

① 亚里士多德，《形而上学》，1010ᵃ。

② 这里所谓分析性联系不是康德所说的"谓词包含在主词里"，而是按照规则演算。——译者

些自然对象和自然过程，于是，这些事物所具有的某些自然关系必然地获得了一种新的价值。因此，从象棋规则所建构的概念框架来看，两个偶然的历史事态就似乎具有必然的联系。而且，几乎任何"游戏"，或更广泛地说，几乎任何一种规则支配的活动，都产生这样的命题。这一范围十分广大，甚至可以一方面包括数学，另一方面则包括使形形色色的经验得以综合的支配规则。请记住，对康德来说，理解力就是"规则的能力"。①②

现在我们看到了先前得出的那个结论有多么重要。我们自己可以决定要不要下棋，可以自由选择是否用象棋术语来谈论下棋，然而我们无法随意抛开语言的约定却仍然有问题并提出问题，无论那是哲学问题或别的什么问题。哑不则声的哲学家不可能存在。如果是这样的话，语言这种"游戏"所产生的先天真理便不是微不足道的真理，它们将是所有话语和概念思考的至上的、不可避免的法则，换句话说，它们正是哲学家应当去发现和表述的那些法则。我们在这里无须害怕"发现"一词，这不是发现某种新的东西，这是明确理解某种我们在某种意义上一向"已经知道"的东西，只不过一直没有机会或需要去反思它们。上面提及象棋中的一种联系，它对于棋手来说是新东西吗？不大可能。也许我们会听到这样的回答："我从没有想到这一点，不过，要是有人问起我，我会知道有这种联系。"③ 与此相似，哲学上的"发现"，例如若非情况如此我们就不能知道情况如此，不是我们将要接纳的一个新的事实，而是要

---

① 《纯粹理性批判》，A 版，第 126 页（N. 肯普·史密斯译，第 147 页）。
② *das Vermögen der Regeln*，后文则说：给予我们规则的能力。——译者
③ 即：说"他知道猫渴了"蕴涵"猫事实上渴了"。——译者

明确理解我们在正确使用"知道"这一动词的时候一直都知道的一种联系。然而，正如哲学史所表明的，我们得好好记着这个事实，否则就会误入迷途。

不幸的是，并不是所有的来自象棋或来自语言的先天真理都那么容易辨别。你能只用一马一象将死孤王吗？你能，而这是一个先天真理，不过，只有象棋专家才能告诉你为什么。但此后你自己就知道为什么了，这很像刚刚向你证明了一个几何定理，这时你自己就可以看出这个定理为什么是真的。我说过，象棋是严格编码的游戏，同语言相比是相对简单的游戏。因此不难明白，语言结构本身之中包含的某些真理对讲母语者仍可能隐而不彰，这不仅是因为这些真理同语言规则的联系隔得比较远，而且也因为有些规则本身说话人一直不曾注意到。[①] 这类联系对哲学家来说是饶有兴趣的，而语言学家恰是专门为语言编码的人，因此，哲学家应该欢迎语言学家能为他提供的任何帮助。

第十一节

但语言学家是经验科学家，他们得出的结论是偶然性的陈述，而哲学家感兴趣的是先天真理。我们于是又回到了上面提到过的第一点反对意见上。不过，现在我们可以对它进行辨析了。

设想象棋游戏的规则还没有明确编码；设想学棋者都通过观棋

[①] 这句话里连着两个词都带定语从句，直译非常乱，所以利用汉语的排比来翻译。但因改动了语序，因为所以的关系就不好对应了，但在这句话里，因为所以的关系不重要，句子读顺了，逻辑关系自然就出来了。——译者

学会下棋——实际上也确实有些人是这样学会下棋的。再进一步，让我们想象有一个热心的观棋者企图把这门游戏的规则记录下来，以节省他人的劳动。观看了很多盘棋之后，他说："可见这种游戏是这样玩的"，接下来给出了规则。无疑，他从事的是一项经验性的研究，得出的结论属于偶然性的陈述。因为规则定成这个样子并非必然。可以想象，人们在同样的棋盘上，摆弄同样的象牙棋子，玩的却是别种的棋戏。不过，这项经验性的工作却有其殊异之处。这位观棋者必须对所要考虑之事有所取舍。并非对弈者举动中的所有特征都与棋局相关，就连他们在棋盘上的举动也是如此。仅举一例：他们可能会走出一步不合规则的棋来。但随即这步棋会遭到反对，得以纠正。要确定哪些举动真正有关棋局，观棋者可以询问或测试对弈者："你能这么下吗？""这样移动那个棋子行不行？"等等。换句话说，他所关注的不仅是对弈者在做些什么，而且是他们对这门游戏都知道些什么。于是，他的结论将不仅仅是对某些人在某些情况下的所作所为进行经验概括，而是根据对弈者认可的象棋走法进行编码。人们可以说，一套规则描述一种游戏，但这只是由于，这套规则规范了应该如何玩这种游戏。规则是一种规范性描述。

有些规则是根本规则。例如，卒子是通过规定它们的初始位置和可能走法加以定义的。不管棋子是个什么样子，只要它们在这种游戏中符合这些规定，它们就是卒子。由这些规则来决定一个棋子叫作"卒子"，我再说一遍，是个偶然的事实。但现在设想那位规则编码者进一步断定，由于有此规则，两个同色卒子不可能出现在同一竖列上，除非其中一个刚吃过对方的棋子。这就不再是一个偶然性的陈述，而是一个必然性的真理了——因为断言中出现的术语

（"卒子"、"对方棋子"等）是象棋术语，只能在这种游戏的语境之中加以理解，也就是说，只能在由根本规则所创立的概念框架之中加以理解。而在这一框架中，上述命题就是必然真理。加上"在象棋游戏中"这一假定简直是多余的，除非说话人还想着另外一种游戏：其术语与象棋相同，释义却不同。若非如此，这一陈述就无条件为真。由此可见，在两种工作之间存在着根本差别：一种是意在发现那些从根本上定义概念框架的规则的经验性工作，一种是探求概念框架内部所包含的先天关联的工作。我将把前一种工作所产生的陈述称为"外部陈述"，把后一种工作得出的陈述称为"内部陈述"。很清楚，尽管两类陈述之间在逻辑上有别，外部陈述对于内部陈述是否成立却是至关重要的。如果不是隐含地或——在较为复杂的事例中——明确地诉诸于规则，你又怎么能看出或表明某一内部陈述为真？要说外部陈述的哪些因素与内部陈述无关，那就是：规则本身是偶然的，可以由经验方式得出。

第十二节

语言学家的工作与我们的象棋规则编码非常相似。他也是在从事一项经验性的研究，意在发现与一门特定语言有关的偶然事实。而且，这种经验研究具有一种特有的选择性，因为他所寻求的结论是能够以之辨别做法正误的一些规则。所以他不是一个单纯的观察者：他将询问某种说法对还是不对，由此让讲母语者说出他们关于自己的语言所知道的东西。他的发现将不是对一个"智人"部族的语声的"原初事实层面上的"概括，而将是他依据简洁、连贯、周全等方法论上的要求加以表述的一套规则，这套规则应能说明一门特定语言中可接受的各种表达方式。再重复一遍那个悖论式的说法：他最终得到的是一种规定性描述。

然而对这些规则的陈述仍将是经验性的；一门语言，比如英语，也即英国、美国及其他地方的本地居民所讲的语言，其语义和句法的规则是如此这般，此中并没有任何先天的必然性。毕竟，存在着结构极其不同的各门语言。所以，"在英语中，仅当 p 为真时，to know（知道）p 这一动词短语才是正确的使用"这类陈述所记录的是偶然事实。人们可以设想在一种语言游戏中，知道 p 这一短语与深信 p 同义。另一个例子：语言学家也许得出结论说，"在英语中，动词 to cause（导致）除了一些可以明确界定的例外情况，不能以真正的名词为宾语，而只能以名词化语句为宾语"。① 这也将是一个偶然事实，只不过涉及的是句法而非语义。然而，语言学家或哲学家也许会进一步说："所以，我们不可能知道不真之事"，或者，"所以，可以导致混乱或革命，却不可以导致桌、椅、牛、马"。这些真理就绝不是偶然的：我们在这里讨论的不是英语的某种特性，而是知识和因果性。他不是提及知道或导致，他是在使用它们。他不是给出用来构成这门语言的概念框架的某些规则，他是在这个框架中说话，说出一些这个框架使之成为必然的真理。因此，人们固然可以假想在使用 know 或 cause 这些音素序列的时候所受的限制是另一个样子②，即不可能理解何谓"知道一件虚假之事"或"导致一匹马"。与此十分相似，可以想象由不同的规则来规定叫作"象"的棋

---

① 见第六章。
② 意译：人们固然可以假想 know 或 cause 服从于不同的语法规则。——译者

子的走法，却不可能想象仅用一王一象把对方的孤王将死。上述两个句子中，前半句是在假想一种语言或游戏，它们多多少少与我们现有的有所不同，而后半句要求我们去设想在我们实际现有的语言或游戏框架中根本不可能的事情。

在象棋的例子中我提到过，为内部陈述加上"在象棋中"是多余的，除非我们要用这话把术语相同、规则却不同的其他游戏排除在外。而就语言来说，为一个内部陈述附加上类似的短语不仅是多余的，而且简直就是愚蠢的——比如，说"在英语中，一个人不可能知道虚假之事"，或者"在英语中，老姑娘是未婚的女人"。象棋和语言缘何不同是显而易见的。谈论王、卒子、象与下象棋不是一回事，所以这些名称在另外的游戏中可能有不同的意思。反过来，说"一个人不可能知道虚假之事"时，我就是在说英语，所以依据其他语言的规则对于这一音素序列做出不同解释的可能性是不存在的。像"拥有一个情妇在古英语中是件体面的事，在现代英语中则不然"之类，顶多只是个蹩脚的笑话而已。而说"历史学在德语中是一门科学，在法语中却不是"就连蹩脚的笑话也算不上了。这干脆就是混乱。总而言之，"一个人不可能知道虚假之事"这样的陈述并非在英语中或对于英语来说才为真；它绝对地、无条件地为真。

第十三节

经过这一番思考，上面提到过的前两点反对意见看来已经站不住脚了（evaporate）[①]。我们可以用几句话在这里正式作结。

[①] "站不住脚"与 *evaporate* 是两个不同的隐喻。——译者

我已经强调指出，语言学是一门经验科学，其发现成果，也即一门语言的规则，是偶然性的真理。但这只是问题的一面。我们还必须指出，规则之为规则，既具有描述性的功能，又具有规范性的功能：它描述正确的做法。而就其规范功能而言，规则可说是一门语言之概念框架的根本原则。而有一些哲学陈述恰恰就在于表述这一概念框架中出现的必然联系。如有必要，我们会借助于语言规则来支持这些哲学陈述，但在这里这些规则应被看作规范性的原则，而非经验性的概括。不过事实仍然是，我们需要通过一种经验性的研究以确定这些规范性原则到底是什么，尽管这种经验研究要以特定的方式进行。因此可以这样进行论证："一个人不可能知道虚假之事，因为仅当 p 为真时，英语动词短语 *to know p*（知道 p）才是正确的使用；这可以通过面谈调查或其他可行的方式来证实。"的确，在这一论证过程中，我们不得不在逻辑上多次"换挡"；但是据前所论，所有涉及游戏及其他遵循规则的活动的话语，无不以这类"换挡"为特征。我认为上述论证已经回答了第一点反对意见，表明了并不能单单因为语言学材料是经验性的就认为它们在哲学上没有意义。当然这还不足以表明讲母语的人在做哲学思考时的确需要利用语言学材料，而这正是第三点反对意见所质疑的。

第十四节

对这第三点反对意见做出回应之前，我愿先来回答有关语言多样性的第二点反对意见。对此的答案同样已经给出了。内部陈述，比如上面所引的关于知识与因果性的陈述，是无条件为真的，而不仅对一门特定的语言为真；当然，它们只能用一种特定的语言来表述。你现在问："我如果说的是汉语，难道就不能说相同的话吗？"我的回答是：我不明白这句话中"相同的话"是什么意思。不过我也可以给你一个较为温和的回答：想一想我们都会试用哪些办法来理解古希腊人用 $παιδεια$（教育）这个词或德国人用 *Weltanschauung*（世界观）这个词意指什么。一个所操语言与英语迥然不同的外国人也可以尝试同样的办法来理解我们用 *to know*（知道）一词意指什么。如果他成功了，他同样可以看到一个人不可能错误地 *know*（知道）一件事，而这完全是由于他用自己的语言成功地重构了与这个英语单词的语言学环境足够相似的概念模型。这就如同用黎曼几何表明一个欧几里得三角形的内角和必等于180度一样。很困难，但并非不可能。维特根斯坦的做法表明他对这类情况有足够的意识：他不反对翻译他的著作，但他坚持必须把原文与译文一起付印。以《哲学研究》中的关键词 *game*（游戏）为例。这个词的原文是 *Spiel*，其用法比 *game* 要宽泛得多。想一想 *Schauspiel*（戏剧）或 *Festspiel*（节庆）这些词吧。明白了这一点，我们就不会反对维特根斯坦关于所有游戏并不包含共同特性的论断了；我们也许会指出所有 *game* 都包含竞争，然而，*game* 可能都含有竞争，*Spiel* 却不然。*game* 一词看来是最好的译法，但还不够好。于是我们不得不做出某些校准，直至我们能够抓住作者的原意。再举一例。比起英语、德语、拉丁语或希腊语，在匈牙利语或其他很多语言中，系词的使用较为狭窄，所以动词 *to be* 在那里没有贴切的翻译。那么我们能否据此推论匈牙利人无法理解亚里士多德呢？绝非如此；他们可以理解，只不过在开始时比较费力罢了。因此，你也可以这样说：一个人不可能错误地知道一件事这样的陈述对于所有的语言皆为真，如果这一陈述能得到恰当的翻译的话。但，我们遗憾地发现，这只是同语反复。结论是，哲学家必须明白，到达必然为真之结论的唯一途径，是去探索坐落在这样那样的实际语言中的必然真理。因为，我再说一遍，就眼下所谈论的事情而言，语言**本身**或思想**本身**的调节性观念空无一物。

第十五节

不过，这并不意味着我们陷在母语的概念之网中不能自拔。我们可能会、实际上也经常会发现这面概念之网的某一部分因为这样那样的原因编织得并不恰当。英语语言中大概曾一度积淀下了有关巫术的一族概念。那时人们也许曾理解"施咒法"或"魔鬼缠身"意谓什么，他们的哲学家也许曾告诉人们与这些状态相关的某些必然真理。然而，时事迁移，科学的发展逐渐侵入了那一类概念的传统领地，巫术语言被更茂盛强壮的概念分枝遮蔽，因废用而渐渐衰萎。从太阳升起之类无害的残留表述式，到由相对论带来的对于我们时间概念的根本重估，类似衍变的例子还有很多。就这样，从最新的科学发展中借用过来的概念，可以与过时理论的化石残片并立共存。我们没有理由认为一种自然语言的概念框架在所有细节上都融贯一致。平素讲话时我们会含混其词，不求甚解，而科学家们操用着细心打磨出的概念工具，却又经常完全不顾其他类型概念的存在。另一方面，哲学家的主要工具就是概念，他不能不留心语言表述中的各类失当、混淆和悖谬。于是，不足为奇，他会经常建议对现有的概念进行修补、限制，或者推荐人工的替代品。他完全有权这样做，条件是：他知道在他做出建议、推荐的过程中，他说的仍然是某一种自然语言，从而这些提议有没有意义、是不是切题，恰取决于我们对那种语言的原有意义的理解。谁想要翻建船只，他就必须比只管驾船的人更了解它。[1]

第十六节

近些年来，乔姆斯基及其同道发展出了一套颇具魅力的学说。[2]他们声称，人生来就具备一套习得语言的天然机制。依靠这套机制，孩子能够很快掌握任何一门自然语言，其所以如此，盖由于所有自然语言表现出相同的基本特征。除了心理学证据而外，他们还援引如下事实：所有自然语言都可以互相翻译，而且翻译的难度远不及人们所想象的。这一点人们习以为常，其实是个令人惊奇的事实。再者，所有自然语言都是语言学的研究对象，也就是说，都可以用相同的语言学共相来描述。如上所述，语言学家从事的是一种非常特殊的经验研究：他所要寻找的是某种语言的规则。他知道自己期望得到什么，而他的期望并不落空。他找到了音位、语素、句子要素的结构以及各种转换关系。也许所有这些事实都可以用语言同源的假设来解释。但无论这个假设是否成立，人类的语言共有

---

[1] 这一节有些可质疑处。例如"而科学家们操用着细心打磨出的概念工具，却又经常完全不顾其他类型概念的存在"一句就很弱很含混。——译者

[2] 见乔姆斯基在波士顿第61届美国哲学会东部分会年会（1964年12月29日）上宣读的论文，又见卡茨《语言哲学》第240—282页。

某些基本特性，这一点似乎不假。就我们当前的目的而论，重要的问题在于：我们是否必须像卡茨等人建议的那样，把一种语言中与哲学相关的方面限制在所有语言都共有的那些方面呢？根据我前面所说的，我看不出这有什么必要。有些哲学命题反映的是某种特定语言的某个特殊方面，有些哲学命题则与共同的特征相应，前一类命题之为真殊不亚于后一类。不同之处只在于前者比后者要更难翻译一些。我们尽可以希望，重要的哲学命题会是后一类型。实际上，虽说牛津学派哲学家的一些论点超乎寻常地精微，但它们照样能翻译为其他语言，并没有太大的困难。①

第十七节

最后，我回到第三个异议，来面对卡维尔的"讲母语的人"。当然，这个人在通常情况下用不着语言学家或任何人为他提供根据就自会正确地说话。正常情况下，他无需语义资料或句法资料就知道应该怎么叫某个东西，知道在何种环境下应该说何种话。而且讲母语的人还颇能意识到自己母语中的一些有趣的哲学特征。我上面提到，有一些限制管制着知道一词的用法，事实上，据我所知，正是哲学家而非语言学家最先指出了这些限制。不可否认，诸如奥斯汀或赖尔等人的著作同样会使语言学家受益。然而，不幸的是，语言"游戏"是一种非常错综的游戏，它的规则体系比我们所想的要更为复杂。而且哲学方面的矿藏也绝不都浮露在地面上。固然，我

---

① 这两段中的观点，得益于和 S. 莫根贝舍和 J. J. 卡茨二教授进行的讨论。

们通过回想在这样那样的特定情况下我们会不会这样说就能把我们语言的许多特征确定下来,然而,不是有意冒犯维特根斯坦,另外许多特征却倾向于藏着不让我们看到,而这些特征在哲学上的重要性殊不亚于前面那些特征。当然,我们不能忘记维特根斯坦和他的后继者们主要关注的是语义问题,正如我一开始提到的,在纯粹的语义方面,语言学家实际上并不比一个对词语有良好感觉的、受过教育的外行更有优势。我还没有见过一个语言学家在辨别意义的细微差异方面足以与奥斯汀相匹。而在句法和语言结构的领域内,语言学家的优势开始显现[①]。一个胜任愉快的语言使用者可能像最好的语言学家一样本领高强,能分辨出诸如不是故意的和不知情的之间的差异,因为这两个词的语法大致相同;另一方面,如果差异不只是词义的[②]而同时还受到语法的影响,那么语言学家肯定比未受过训练的说话者具有优势。

　　导致与制成,作用与结果,事实与事件,好的与黄的,以及诸如此类的词在意义上的关键差异是由句法造成的。而且,在很多这样的情况下,我们不得不在一个十分复杂的句法层面上,包括在转换语法的层面上,阐明这些差异。的确,哲学家可能只要反省一下"什么可以说"和"什么不可以说"就能找出一些线索,但是,就像有些具体例子表明的那样,这种方法会有帮助,也会误导。只有借助某种语法理论的帮助,所有的片段才会拼成一个相互协调的图案。总之,语言的事实(真相)并不总是摆在明面上放眼可见,它们有时候会深深隐藏。哲学家有时需要借助对他的工作语言有清晰

---

① 直译:差异开始显现。——译者
② "不只是词义的"是译者加的。——译者

的了解以及对这门语言如何作用有深入的洞见才能达到某一类的哲学结论,为此,尽管他讲的是母语,他仍然需要得到他所能得到的每一点帮助。①

洛克、休谟和他们的后继者们都是以英语为母语的人,然而他们都没有意识到只能说"导致"一个事件、过程或事态,不能说"导致"一个人或一个物体,这显然是因为他们没有注意到导致这个动词的宾语通常情况下必须是一个名词化语句。所以,可以说"导致"爆炸、革命和温度上升,但不能说"导致"人、马或椅子。"但是",你反对道,"可以说'导致'火灾或者飓风,这些词却不是名词化语句。"是这样的,但是语言学家会向你指出,这些词形成了名词中的一个小类别,它们的表现就仿佛它们是些名词化语句;举个例子,它们能下接出现、持续、发生及诸如此类的动词,也能用突然的、逐渐的、拖延的之类的形容词来形容——但这些动词和形容词不能和人、马、岩石等一般名词搭配。这些语言学事实有助于哲学家达到对因果关系更满意的见解。

如果你说经验论者对日常语言的概念并不真正感兴趣,那么我就要提到摩尔,他肯定是感兴趣的。然而他对好的和黄色的这两个词作了一番比较,告诉我们说它们都标示简单的、不可分析的性质,显然忽略了它们之间的各种巨大差异。人们的确很容易受到诱惑,只因为好的与黄色的这两个词都是形容词,就把好的一词的用法视作与黄色的一词相同,但若我们想一想,一个人能够"很好地从事"②

---

① 在下面的段落中,我将预示第五、第六和第七章中的一些结论。

② good at something,即"擅长于某事",但这一更为通顺的译法将失去"好"的字面联系。——译者

某类事情,一样东西能对某件事情"有好处",然而却没有哪个人能够很黄色地从事某类事情,没有哪种东西对某件事情有黄色;一个好的贼能是一个坏的公民,而一朵黄色的玫瑰却不可能是一朵非黄色的花,等等,只要考虑到诸如此类的事实,我们就会克服上述诱惑了。这一点换句话说就是:好的这个词被归于一个东西的时候,我们基本上是从它能做点什么或能对它做点什么这些方面来考虑的,而黄色的就不是这样。

最后,奥斯汀自己曾试图依靠"哪些话可以说"来论证事实与事件属于同一范畴——例如德国人的崩溃既能被叫作"事实"也能被称为"事件"。说起这个例子,就我所见,只有转换语法能够表明德国人的崩溃是一个两可的短语,它既能解释为不完全名词化语句,也能解释为完全名词化语句。[①] 我的意思是这样的。德国人的崩溃这个短语可以被用来意指德国人的崩溃这一事实,这时,可以说德国人的崩溃这一事实是"不大可能的"或"令人吃惊的",我们也可以提及或否认德国人的崩溃这一事实。但在另一个意义上,我们又可以观察或经历这场崩溃,它可以出现或发生,可慢可快,可以循序渐进,这时它不是一个事实而是一个事件。的确,这同一串词语既可以用来指一个事实,也可以用来指一个事件;但不能由此推论说,如果这串词语在结构上是两可的,所以有些事实就是事件。然而,奥斯汀,这位英语散文的大师,竟没有意识到这一点,因为他只是简单地遵循"什么可以说"的原则,而在眼下这一例,这种

[①] 直译:它既能在不完全名词化句子的意义下被解释,也能在完全名词化句子的意义下被解释。——译者

原则恰恰会误导我们。

　　在分析哲学中,语言学即使对讲母语的人也是有用的。它的经验主义来源并不必然污染哲学思想的先验纯洁。

第二章　单称词项

第一节

　　试图理解单称词项的本性，是分析哲学始终关注的课题之一。在这方面特称描述语理论①通常被认为可能是分析哲学最突出的成就。罗素、奎因、吉奇、斯特劳森以及其他不少哲学家们就这个课题写了大量文章，我们读到这些文章，追踪这个课题所引发的诸多问题，自会同意这种关注很有道理。也许语言最重要的用途就是陈述事实，为了理解语言的这一作用，我们就必须知道专名是怎样起作用的、是什么构成了特称描述语；我们还必须了解我们指称某物时我们是在做什么，特别是了解我们在指称时是在明确断定一物的存在还是仅仅默认它的存在；最后我们还得知道各种各样不同的情况下所牵涉的都是哪一种存在。

　　我刚才曾提示，哲学家们在这方面的集体努力是卓有成效的，

---

①　*The theory of descriptions*，中文一般称作"摹状词理论"，这一译法有两个缺点：一，description 平常译作"描述〔语〕"，在这里译作"摹状词"，没什么特别的道理，反而不能显示这个理论实际所处理的问题，即指称和描述的关系问题；二，*denoting phrase* 和 *description* 多半是短语而不是单词，译作"语"优于译作"词"。因而我建议把 *description* 平实译为"描述（语）"。——译者

尽管有一些不同的意见,得出的结果却基本相合,而且这些结果相当清楚地展示了单称语词的语言学构造及其逻辑地位。这是一个令人惊讶的事实。我说惊讶是表示赞叹而不是挖苦:令我吃惊的是这些作者可用的材料少得可怜,但他们却从中得出了很多东西。他们所能凭借的是不多的一点语言学资料,这些资料经常是错的,而且被古旧过时的语法弄得含混晦涩。然而,我们会看到,他们的结论实质上却预示了当今先进语法理论所发现的东西。当然,他们有直觉,有形式逻辑的工具。但是下面的章节将会表明,直觉经常误导,而形式逻辑经常过于简单化。在眼下这个课题,两者的结合产生了一些可喜的结果。本章将在严格的语言学考察的基础上证实这些结果之中的很大部分。这样,事有凑巧,在这本书的分章讨论之始,我可以从同意而不是从异议开始,考虑到跟在后面的内容,这一章可说是一篇友好的欢迎致词了。

第二节

我准备以说明方式而非论辩方式展开讨论。开头,我将尝试指出单称词项对于逻辑理论的重要性;然后勾画出这类词项的语言学特性;最后,我会借助这些结果评定某些哲学论述的有效性。

一些哲学家认为词项是纯语言学实体,即语句或逻辑公式中的组成部分;另一些哲学家则把它们看作某种名为"命题"的非语言学实体中的要素。[①] 由于我的关注点基本集中在语言学方面,至少

[①] "奎因把'词项'这一表达式只用来表示语言学上的项,而我则把它用来表示非语言学的项"(P. F. 斯特劳森:《个体》,第154页注)。

在一开始是这样，我将在第一种意义上使用词项这个词，也即用它来标示某种类型的语词串或与之相应的逻辑学记号。不过，我这样做并不是要在这个问题上偏向一方。事实上，在这一问题上的探索将自然而然把我们引向某种多多少少不同于第一种意义上的观点。

第三节

词项一词属于逻辑学家而非语言学家的词汇。虽然词项一词的应用不完全一致，多数逻辑学家还是大致会同意如下看法。对一个命题进行逻辑分析，将得到逻辑形式和适合于逻辑形式的词项。后者自身无结构可言，它们是"原子"成分，就好像是逻辑等式里的参数。但这种简单性只是相对的，可能出现这样的情况：一个词项在某一层次上无须分析，而在一个更深层次上却需要解析。罗素关于特称描述语的分析和奎因消除单称词项的作法可以看作这种进一步分析的经典实例。[1]举一个更简单的例子：

> 所有俗人都恨苏格拉底
> 一些雅典人是俗人
> 所以，一些雅典人恨苏格拉底

在这个论证里，恨苏格拉底是无须分析的，换言之，对三段式推论逻辑来说，这一表达式可视为一个单独的词项（简单词项）。但请看

---

[1] 例如，见罗素：《描述》，《数学哲学导论》，第16章，167—180页；奎因：《逻辑的方法》，第120页及以下。

另一个论证：

> 所有俗人都恨苏格拉底
> 苏格拉底是一个雅典人
> 所以，某个雅典人为所有俗人所恨

这个论证同样有效，但在这里，恨苏格拉底这一表达式必须拆开才能借助量化理论显示这一论证的有效性。

简单三段论逻辑所包含的各种逻辑形式以划一的形式对待一切词项：任何一个词项都可以具有"量"（全部标示全称的"量"，某些标示特称的"量"）、具有命题的"质"（肯定或否定），具有词项的位置（主词或谓词）。而在量化理论中，单称词项与概括词项却有明确的区别，其原因之一在于量化逻辑的格式本身为这一区别提供了表示法。例如，上面第二个论证可这样表示：

$(x)(Px \supset Hxs)$

As

∴ $(\exists x)[Ax.(y)(Py \supset Hyx)]$①

请注意，如果像对待其他词项（俗人、恨、雅典人）那样对待苏格拉底，该论证就行不通。那样的做法可能会产生如下论证式：

---

① 大致读作：设有一个 x，如果 x 是俗人，则 x 恨苏格拉底。苏格拉底是雅典人。所以，存在着 x，x 是雅典人，设有 y，如果 y 是俗人，则 y 恨 x。——译者

40　哲学中的语言学

$$(x)[Px \supset (\exists y)(Sy . Hxy)]$$
$$(\exists x)(Sx \, Ax)$$
$$\therefore (\exists x)[Ax . (y)(Py \supset Hyx)]①$$

这个论证当然是无效的。虽然如此，如果采用奎因的规定，苏格拉底一词是可以像其他词项一样来表示的，只不过要在前提中加上一个唯一性条款，即

$$(x)(y)(Sx . Sy . \supset x=y)②$$

奎因的建议恢复了三段论逻辑特有的词项的同质性：单一性或概括性则成为逻辑形式方面的一种功能。然而，无论逻辑学家是否愿意接受奎因的建议，他至少要注意苏格拉底这类词项和俗人、雅典人这类词项之间的区分，对于前一类词，他要么得以个体常数来表示，要么，如果他宁愿坚持词项的同质性，把这一类词也当作谓词，那么他就得加上一个唯一性条款。于是就产生了这样的问题：如何辨识这些须加以特殊对待的词项，简言之，如何辨识单称词项。即使我们可能构造一种"理想语言"，其中不包含这类词项，但只要逻辑学家想用这个逻辑语言系统去解释用自然语言表述的命题，他

---

① 大致读作：设有一个 x，如果 x 是俗人，则存在一个 y，y 是苏格拉底，并且 x 恨 y。存在一个 x，x 是苏格拉底，并且 x 是雅典人。所以，存在着 x，x 是雅典人，设有 y，如果 y 是俗人，则 y 恨 x。——译者

② 大致读作：设有 x，设有 y，x 是苏格拉底，y 是苏格拉底，所以，$x = y$。——译者

还是要面对这一问题。

要从语言学角度来解决这个问题,我们就绝不能只从词法方面来考察单称词项;这里常常需要考虑整个句子,考虑该句子的转换形式,有时甚至要考虑该句的上下文和实际语境。诚然,一个能流畅使用该语言的逻辑学家往往不需要对相关因素有明确知识就能作出决断。然而,这种直觉不能为关于单称词项的哲学论断提供任何权威性的支持。为了提供这种支持,也为了使我们的直觉变得明晰,我们必须考查一下单称词项在英语中的"自然史",这就是我在以下几节所要讲的。

第四节

我选择专名苏格拉底作为单称词项的例子绝非偶然;专名历来都被视为单称词项的范例。碰巧按照现代英语的拼写习惯[①],人们在书写专名时会给它们打上明显的印记。但这很难作为一个判据。许多形容词,如 English,也必须大写。而且,尽管这种约定可能对阅读者有所帮助,但并没有表示大写的语素,因此这对听话人或书写者毫无益处。所以,我们最好时刻铭记语言学家的金玉良言,即语言是口说的语言,去寻找一些实在的标记。

首先我们回顾一下专名没有含义(在"意义"而非"指称"的意义上)这一直觉,这种直觉可由专名不需要翻译成其他语言这一事实来支持。*Vienna* 是德语名称 *Wien* 的英语式样,而不是它的英文

---

① 即开头字母大写。——译者

翻译。因此，字典不列专名词条；关于专名的知识也不属于关于某种语言的知识。这种直觉用语言学术语来说就是：专名没有特殊的搭配限制。① 下面这个简单的例子就能说明这一点。

(1) 我访问了 Providence②

是一个正确的句子。但

(2)* 我访问了 providence③

则是个错误的句子（这里我用到了刚才提到的专名词头大写的习惯）。providence 这个词有相当严格的搭配限制，这种限制排斥(2)那种上下文。而(1)句中那个词形上相同的名称却摆脱了这些限制，允许与我访问了……搭配。我们知道 Providence 实际上是一座城市，这一事实当然会要求另外一些限制。但这种知识是地理学的而非语言学的。也就是说，providence 不可以出现在(2)这样的句子中，这一点属于对 providence 这个词的理解，但句子(1)成立，却不来自我们对 Providence 这个名称的理解，而是因为我们知道这个词碰巧是一座城市的名字。从语言学观点来看，专名没有特别的

---

① 搭配这个概念参见 Z. S. 哈里斯：《语言结构中的搭配与转换》，《语言》，第33期(1957)，第283—340页。

② Providence，美国罗得岛州之首府。——译者

③ 这里的 providence，神、天意。(1)和(2)同形，但(1)里的 Providence 是专名，(2)里的 providence 则不是，因此，必须在该词前加上定冠词 the 才是正当的英语句子。——译者

搭配限制，当然，它们必须接受支配所有名词短语的语法约束。实际上只有少数专名与有意义的词汇词形相同，而这种巧合只对语词历史的考察有意义：作为一个名称，*Providence* 并不比 *Pawtucket* 更富有意义。基于以上这些原因，有些语言学家把所有的专名都视作同一个语素。给自己的猫起名字也许不是件容易事，但这并不能丰富我们的语言。

和有意义的词汇词形不同的那些专名不提供什么可理解的意义，而与有意义的词汇词形相同的那些专名又没有特殊的搭配限制，我们稍想一下就会发现，这些特点提供了一条有价值的线索，可帮助我们在口说的话语中辨识专名。但这个标记只适用于专名，对认识单称词项的本质则无甚启发，因为单称词项大多数不是专名。好在专名还有另外一些特征，这些特征会引导我们发现单称词项的真正本质。

第五节

我在上面提到，名称处在名词短语范围里。在这个范围里面使用时，大部分名称不再需要什么附加零件，绝大多数普通名词却不是这样，它们需要冠词之类的零件，至少在单数情况下是如此。

*我访问了城市[①]

[①] *I visited city* 不是适当的英语句子，必须在 *city* 前加上冠词才行，如 *I visited the city*。汉语里一般也不说我访问了城市，除非言外之意是我没有访问乡村之类。——译者

这个句子缺少冠词；但上一节中的句(1)就不缺。有些普通名词也可以不带冠词出现，所谓的"物质名词"和"抽象名词"就是这样。例如：

> 我喝水。
> 爱是一件无比灿烂的事。

但这些名词也可以带定冠词，至少当它们在同一名词短语中伴随以某种"附加语"（黑体部分）时是这样①：

> 我看到了**杯中的**那些水。②
> **她对他的**那份爱是强烈的。③

稍后我会详细地说明杯中的、她对他的这类附加语所扮演的角色。眼下我只表达一种直觉：这些附加语在这样或那样的意义上限制了我们所讨论的那些名词，杯中的指示了水确定的体积，她对他的则将爱情个体化。

如果我们注意到专名排斥这种附加语与定冠词，或者我们强化这个说法，附加语和定冠词破坏了专名的真正本质，那么上面说到

---

① "短语 x 是短语 y 的一个附加语"这一专门概念约略对应直觉说法里用一个短语"限定"另一个短语，见 Z. S. 哈里斯，《句子结构的语词串分析法》，第 9 页及以下。

② 我们通常不加"那些"，只说我看到了杯中的水，这里是要用那(些)与英语里的定冠词 the 对应。——译者

③ 物质名词只有在或明或暗地与"衡量"名词连用的情况下才能带不定冠词：一磅肉，一杯咖啡；一咖啡这样的短语显然是短语一杯咖啡的省略说法。

的那种直觉就更加强烈了。首先,在类似:

(3)我们屋里的那个乔
(4)你看见的那个玛格丽特

这样的名词短语中有一些特别的东西。注意,这种古怪并不能归因于搭配限制:

(5)乔在我们屋里
(6)你看见了玛格丽特

是非常自然的句子。关键是在:

我看见了一个人
水在杯子里
他感到仇恨

这样的句子派生出下面的名词短语:

我看见的那个人
杯子里的那些水
他所感到的那种仇恨

而(5)和(6)那样的句子却颇为勉强地派生出(3)或(4)那样的短

语。不过的确有这样的短语，而且我们也能理解它们。但有一点很清楚，就是这种特定的上下文对专名这类名称是决定性的，至少对于这个名称出现在其中的话语来说是这样。或明或暗的完整上下文大概是这样的：

我们屋里的那个乔不是你正在谈论的那一个。
你看见的玛格丽特是个客人，我说的玛格丽特是我妹妹。

在第一个句子中的那一个，是名词的替代者，它使我们看得很清楚，名称在这里充当了可数名词：话语中默认有两个乔和两个玛格丽特，而这显然与逻辑专名的概念矛盾。这里的乔和玛格丽特实际上差不多等同于名叫乔的人或名叫玛格丽特的人，由于这样一个短语适用于多个个体，所以逻辑学家应该把它们作为概括词项来对待。

此外，有些名称可以在不那么琐碎的意义上用作可数名词：

乔不是一个莎士比亚。
阿姆斯特丹是那个北方威尼斯。
这群小拿破仑在巴拉圭闹得很欢。

这里我们仍可以通过语法设置看出它们是些可数名词，尽管它们的来历很特别。

还有一类带有限定附加语和冠词的专名，比较难于处理。例如：

你所了解的那个普罗维敦斯已不复存在。

你将看到一个重现青春的波士顿。

他更欣赏早期的莫扎特。

我不想说这些句子中的名称不再是专名。至于 *the Hudson*，*the Bronx*，*the Cambrian*[①] 等等，我更不怀疑它们是些专名，是些看来专门需要定冠词的专名。只有更深入的语言学思考才能解决这两类专名引起的困惑，我将在下一个阶段处理它们。

暂时略过这些边缘性的例子，我们可以得出：专名排斥不定冠词，这一点与物质名词一样；但专名还排斥定冠词，这一点就与物质名词不同了。原因似乎在于：即使物质名词或抽象名词也可以带定冠词 *the*，只要它们伴随着某些限定性附加语，但这种附加语本身就与专名不相容，所以专名不可以带 *the*。从直觉看，一个专名只能指称唯一一个个体，那么，其语言学上对应的一点就是不可能伴随限定附加语。说得干脆一点：已经限制为一的东西不能再进一步加以限制。因此，一个专名是一个没有特殊搭配限制的名词，而且这个名词排斥在同一个名词短语中出现限定附加语并从而排斥任何冠词。

第六节

我们现在把注意力转向另外一小群也用来做唯一指称的名词，这些名词就是我、你、他、她、它等代词。[②] 上节的后一点在这里得

---

① 哈德逊河，美国纽约州东部的河流；布朗克斯区，纽约市最北端的一区；*the Cambrian*，寒武纪。——译者

② 我们，你们，他们用来指称唯一的个体群。这里以及此后，我将只讨论单数的

到了很好的证实。这些词甚至比专名更加明显地不能加限定附加语和定冠词。然而，这同样不是由搭配限制造成的；

  我在房间里
  我看见你。

这些句子没有任何不对之处。但它们不能派生出短语：

  * 房间里的(那个)我
  * 我看见的(那个)你

如果那个位置上不是代词而是一个人或水这样的普通名词，这种派生就没有问题。更加突出的一点是：无论是这些代词还是专名通常都不能加前置于名词的形容词。从

  他是秃顶的
  她是脏的

我们不能得出：

  * 秃顶的他

限定名词短语。但我们得出的结论经过相应修正后显然同样适用于限定名词短语的复数形式：那些屋子、我们的狗、你看见的那些孩子，等等。从一种逻辑观点来看，这些短语与单称词项比与概括词项更为接近。

*脏的她

甚至从

乔是秃顶的
玛格丽特是脏的

我们也需要诗所特许的自由才能得到：

秃顶的乔
脏的玛格丽特。

没错，我们有时使用"荷马式"的刻画法，如：

捷足的阿基里斯
玲珑的爱丽丝

我们还会用情绪语调说：

可怜的乔

甚或

可怜的她

>   倒霉的你

之类的话，但这种模式并不常见，而且相当固定，不能普遍套用。这些事实似乎提示：前置于名词的形容词也是限定附加语。稍后我们就能证实这一印象。

第七节

"一种语言的语法书的部分功能在于阐明如何借助那种语言的某些表达式以各种不同体裁把事项[①]引入议论。"[②] 如果暂时采纳斯特劳森的说法，我们可以说专名和单数代名词无需特殊的体裁和附加的语言零件，自己就能导出单称事项。别的名词则需要那种限定性的语言零件才能引入单称事项，或者转回来用我们自己的话说，别的名词需要那种限定性的零件才能变为单称词项，而专名和单数代名词实际上是排斥那种零件的。本节我们将承担语法书的任务，详细考察借普通名词形成单称词项的自然过程。我将用可数名词为范例，因为它们表明了一种语言中那种限定性零件的方方面面。

我们无须怎么精通语法就能发现那些由普通名词形成的单称词项的主要种类。这些种类在开头处分别有指示代词、物主代词、定冠词——例如，这张桌子，你的房子，特定的狗[③]。前面两类仅凭

---

① 本章第二节已说明，本书用 *term* 一词指语词，故一直译作"词项"，但斯特劳森用 *term* 一词指对象，故译作"事项"。——译者

② 斯特劳森:《个体》，第147页。

③ 汉语没有定冠词的设置。汉语里的"一(个)"不是冠词，但可以对应于西语中

自己就有认定作用，而第三类则否。这可以用一个简单的例子说明。某人说：

　　一座房子烧毁了。

我们问：

　　哪座房子？

在给定的情形中，回答：

　　"那座房子"
　　"你的房子"

就行了，可仅仅说：

　　"特定的房子"

就不行。只在 house 前加 the 是不够的。我们必须加上增强认定能力的附加语。例如：

　　你昨天卖掉的房子。

的不定冠词。然而，汉语里找不出哪个词对应于 *the*。我们有时直接标出原文 *the*，有时译作"特定的"，有时译作"那"，虽然"那"通常应当对应英语里的 *that*。——译者

我们去年住的房子。

不过，在某些上下文中，只用 the 似乎也可以进行认定。看看下面相连的两句话：

我看见一个男人。(the)男人戴着一顶帽子。

很明显，是我看见的那个男人戴着一顶帽子。同一名词此前已在具有认定作用的上下文中出现过了，这时，the 就提示一个被删除的但是可以恢复的限定性附加语。从前面几节第四节至第六节关于 the 所获得的研究结果来看，这种可能性提示出一个极为重要的假设：名词前的定冠词始终无疑地标志着这个名词附有一个限定性附加语，它可能就在那里，也可能不在那里却可以恢复。这个假设的证明需要对限定性附加语进行在某种程度上是技术性的讨论。但是 the 这个词，用罗素的话来说，是"一个极端重要的词"，即便身陷囹圄或半身不遂，也不该中止对它进行研究。①②

第八节

那么，我的第一个任务就是从语言学上为限定附加语这个直觉概念提供一个准确的对等表述。我认为所有这种附加语都能还原

---

① 罗素：《描述语》，第 167 页。
② 这句引文的上下文可参阅马蒂尼奇编《语言哲学》，商务印书馆，1998 年，第 400 页。——译者

为语法学家所谓的限定性关系从句。就此前列举的多数例子来说，重构这种关系从句实在是件很容易的事。我们只需知道两点：一，关系代词——which、who、that 等——位于两个名词短语之间时可以省略；二，关系代词加系动词位于一个名词短语和由一个介词及一个名词组成的语词串之间时可以省略。这样我们就能在我们熟悉的例子中补足完整的关系从句：

我看见（那是）在杯中的水
（那份）她对他的爱是伟大的
（那个）我看见的男人戴了顶帽子
（那所）你昨天卖掉的房子已经烧毁了[①]

等等。如果不满足上述条件，那么关系代词或者关系代词加系动词就不能省略：

进来的那个男人是我弟弟。
正在燃烧的那所房子是你的。[②]

[①] 英文原句是 I see the water (which is) in the glass，其中 (which is) in the glass 是关系从句（定语从句），汉语没有定语从句的设置，一般译成前置于名词的定语短语。以上四个例句中的那是、那份、那个、那所用来对应英文句中的 (which is)，即作者所说可以省略的"关系代词加系动词"。——译者

[②] "进来的那个"也许是定语短语而不是关系从句，但为了方便，我们下文的翻译中一律随英语 who came 那样称之为"关系从句"。

The house which is burning is yours，这个英文句中的 which is 是不能省略的，但译文句中的"那所"则可以省略。

汉语没有关系从句，因此没有相应的转换。——译者

把前置于名词的形容词还原为关系从句要复杂一些。但在大多数例子中，下面的转换足以完成这一任务：

(7) AN-N wh... is A①

例如：

秃顶男人——那个是秃顶的男人
脏水——那些脏的水

等等。我们稍后将能展示(7)是正确的。

为了得到对限制性关系从句的准确概念，我必须提到另一种关系从句，即同位关系从句。例如：

(8) 你，你那么富有，能供得起两部车。
(9) 玛丽，就是你遇到的那个，是我妹妹。
(10) 蝰蛇，那是有毒的，应该避开。②

直觉告诉我们这里的从句对它们所依附的名词没有限制作用。我们还记得，你和玛丽都是不能再进一步限制的，而蝰蛇的范围也没有受到限制，因为所有的蝰蛇都是有毒的。实际上，(8)—(10)

---

① 对这一点以及类似转换的详细讨论见第七章。wh... 代表相应的关系代词。
② 汉语与英语里的同位关系从句相应的部分多半像是插入主句的独立句子。——译者

很容易分离成下列合取：

(11) 你是富有的。你能供得起两部车。
(12) 你遇到了玛丽。玛丽是我妹妹。
(13) 蝰蛇是有毒的。蝰蛇应该避开。

因此，我们看到，同位语从句只是连接共享同一个名词短语的两个句子的一种手段。这个共享的名词短语在两句之中的一个句子里由适当的关系代词 wh... 代替，代替后所得的从句（如有必要就重新安排一下词序）插入另一个句子，位置是在那个句子里那个共享的名词短语之后。认识到下面这一点很重要：这种还原并未改变这个共享的名词短语在任何一个分句中的结构：关系代词 wh... 替代了被包含句中的那"同一个"名词短语，而从句所附着的也正是包含句中的那"同一个"名词短语。[①] 无怪乎这整个还原并未影响两个分句的真值：(8)—(10) 为真，当且仅当 (11)—(13) 中的合取为真。

限制性从句就不是这样。比较 (10) 与

(14) 那些有毒的蛇应该避开。

如果我们试着把 (14) 分成两个分句，我们会得到

(15) 蛇是有毒的。蛇应该避开。

---

① 这个共享的名词短语在原初句中不必具有同一的形式。我买了一座房子，那是有两层的。可以还原为我买了一座房子。那座房子（我买的）有两层。这两个句子对于名词房子是连续的。这个连续性概念我将在以后解释。

显然，(15)中的合取为假，但(14)却为真。造成这种结果的原因同样明显。从句那些是有毒的是(14)的主词的一个必要成分：谓词应该避开不是归于蛇的，而是归于那些有毒的蛇的。因此，插入同位语从句看来只是把两个完整的句子连成一句，而插入限制性从句则通过补足原来两句话里的两个名词短语中的一个而改变了包含句的真正结构。因此，分句的单纯合取必然不足以传达包含限制性从句的句子所体现的信息内容。

我们可以或多或少借助一些语形线索来区分这两种从句。[①] 首先，我们通常说话时通过一个停顿、书写时借助一个逗号把同位语从句与包含句分开，而非限制性从句则不是这样。其次，在限制性从句中 *which* 或 *who* 可以由 *that* 替换，而在同位语从句中则基本不能：

那些有毒的蛇应该避开

对

蝰蛇，那是有毒的，应该避开。

最后，上面说到的 *wh...* 或 *wh... is* 有时可省略，这种情况只对限制性从句有效：

[①] 由于汉语语法与英语语法相差很远，这些纯粹为显示语法的例句译成汉语后并不能显示作者所要表明的差别。——译者

你遇到的那个人在这里

对

＊玛丽，你遇到，在这里。

第九节

我断定，在一个名词后面插入一个限制性从句是这个名词带有定冠词的必要条件。因此，定冠词既不属于包含句，也不属于形成从句之前的被包含句。想想这个句子：

(16) 我认识杀了肯尼迪的那个人。

如果将那个人作为主、从句共享的名词短语，我们就得到两个分句：

我认识那个人。那个人杀了肯尼迪。[①]

此处的那个人与(16)中的杀了肯尼迪的人体现了不同的认同机制。如果换成专名，这一系列分析会导致明显的不合语法。想想下面的例子：

---

① 注意此句的语义与(16)不同。——译者

你所了解的那个普罗维敦斯已不复存在。

如果将普罗维敦斯当作共享的名词短语,我们就得到无法接受的句子:

*你了解那个普罗维敦斯。
*那个普罗维敦斯已不复存在。

因此,我们必然得出结论:两个分句各自是不含定冠词的;只有把两个分句合在一起,定冠词才进入句子结构。所以,(16)应当被分解为这样两个句子:

我认识一个人。一个人杀了肯尼迪。

主、从句共享的名词短语是一个人。用……的那个人来替换第二个一个人,我们就得到从句杀了肯尼迪的那个人,将它插入第一个句子则得到:

我认识一个杀了肯尼迪的人。[1]

由于动词杀通常指示着一个唯一的行为者,那么定冠词会取代不定冠词,从而我们得到(16)。如果相关动词并不暗含唯一性,就无须出现这种替换。例如:

---

[1] 这句有歧义,可解作我认识杀了肯尼迪的诸人之一,但作者下面马上作了说明。——译者

我认识一个在朝鲜打过仗的人。

当然，用复数形式时我们可以说：

（17）我认识在朝鲜打过仗的那些人。

在这个句子中我在某种意义上表示我认识所有那些人。如果我只说：

我认识在朝鲜打过仗的人

就并不指全部，只要我认识一些这样的人就够了。

显然，定冠词标志着说话者意在穷尽限制性从句所限定范围内的所有成员。如果这个范围已经被限制为一个，说话者就没有选择余地了：the 就成为必不可少的；由于这个原因，下面这个句子

上帝对一个生了以撒的人说话

就显得反常，在这里，生的语义已经给出了定论。在另一些情况中则有选择的余地：

我看见我们的花园里的一棵树

和

> 我看见我们的花园里的那棵树

都是正确的句子。但若花园里事实上不只一棵树，那么后一句就用错了。说这话的人承诺那是唯一一棵树，但这里的事实却不允许他兑现其承诺。

把一个普通名词变造成单称词项的方法如下：把一个限制性从句加到这个名词的单数形式上，并加上定冠词。也会有这样的情况：从句的限制性不够强，在特定的说话场景中，这个从句的范围可能包括不止一个个体。这里的麻烦就像你说

> 乔饿了

而房间里却不只一个人叫乔。在这两种情况下都有好几种可能：说话者可能缺乏某些信息，可能只是疏忽，可能是故意误导，等等。但乔或我们花园中的那棵树却不改其为单称词项——一件工具能被误用，这一点并不改变工具的功能。以后我们会回来讨论这种类型的选词不当。

第十节

不过，话才说了一半。我在上文提到，在许多情况下，看来只添加定冠词就足以把一个普通名词造成一个单称词项了：

> （18）我看见一个人。那个人戴了顶帽子。

我们当时又补充说，显然是我看见的那个人戴了顶帽子。在句(18)里，那个人前面的我看见的这几个字被省略了，因为把两句都补全

  我看见一个人。我看见的那个人戴了顶帽子

听起来重复累赘。所以，(18)中的那个只不过标记着一个被删去但能够还原的限制性从句。可以把这个那个视作一个连接装置，使得话语能够以一个给定的名词人为主线连贯进行。的确，如果删掉那个，两个句子就不连贯了：

  我看见一个人。一个人戴了顶帽子。

由此得出一个重要结论：一个不带限定性从句的名词前面的那个是一个标记，表明有一个从句被删去了，而从此前出现在同一段话语中的包含这个名词的某个句子可以造出这个从句。这个规则可以解释下面这段话语的连贯性：

  我有一只狗和一只猫，那只狗有一个球可玩儿，那只猫也经常玩儿那个球。

也可以解释感觉起来不连贯的文句：

  我有一只狗和一只猫。一只狗有那个球。

如果我们的结论是正确的,那么已经带定冠词的单数名词就不能另带一个限制性从句,因为这个名词短语恰与专名和单称代词一样是个单称词项。比较下面两串句子:

(19)我看见一个人。那个人戴了顶帽子。
(20)我看见一个人。你认识的那个人戴了顶帽子。

(19)是连贯的,那个是删去的从句我看见的人的标记。在(20)中,由于实际上出现了一个从句你认识的那个人,从而使得那个不可能再标记我看见的人这个从句。(20)中的那个属于这个实际出现的从句,而其他任何限制性从句都遭到了排斥。因此没有理由认为你认识的那个人正是我看到的那个人。同位语从句就不是这样,下面这串句子:

我看见一个人。那个人——就是你认识的那个——戴了顶帽子。

就很连贯。第二个句子中那个人带有被删掉的限制性从句我看见的人,也带有同位语从句你认识的人。现在考虑下面一对例子:

(21)我看见一朵玫瑰。那朵玫瑰很可爱。
(22)我看见一朵玫瑰。那朵红玫瑰很可爱。

(21)是连贯的,(22)则否。我们可以借助(7)所提出的假设解释这一事实，按照这一假设，我们可以从一个限制性从句中提取前置于名词的形容词，而这个从句排斥其他限制性从句。我们还记得，(7)所提出的假设也能解释为什么无法给专名和人称代词加上前置于名词的形容词。

第十一节

然而，话还是没有说完。现在我们来想一想这样一个句子中的歧义：

(23) 她爱的那个人必定很慷慨。

这句话可以是说有那么一个人为她所爱并且很慷慨，也可以是说她爱上的任何人都必定很慷慨。这样的例子还可以举出很多。其中有些显然得解释为通类，例如：

快乐的是那心地纯洁的人。

如果在后面加上：

我昨天遇到他了。

听起来会很奇怪。这时比较自然的是加上这样一句：

> 我昨天遇到一位。①

在另一些例句里却多半应该解释为个体。

> 她爱的那个人自杀了。

不过,加上一些想象,即使这样一个句子也可以解释为通类。

我们如何决定在一个给定情况中哪种解释才对?为了获取答案,请设想三段话:

> (24)玛丽是个眼光很高的姑娘。她爱上的那个人必定很慷慨。
> (25)玛丽爱上一个人。她爱上的那个人必定很慷慨。
> (26)玛丽爱上一个人。那个人必定很慷慨。

(26)没有歧义,那个人是一个单称词项。(25)中那个人多半是一个单称词项。而(24)中那个人却多半是个概括词项。为什么会这样呢?在(26)中,被删去的从句必定从前面的句子中得来,我们还记得,删除这个从句是为了去掉句中的累赘成分。在(25)中,从句很可能是从前面那个句子派生出来的,如果是这样,那个人就是一个单称词项。不过仍可能设想这段话里两个句子之中有一个断裂:说话者在表述完关于玛丽的一个具体事实后,开始泛泛地谈论起玛

---

① 请注意一种有趣的现象:人称代词如他也可以在通类意义上使用,例如凡有求于你的人皆不可拒绝他。

丽来。(24)的情况相反,从句无法从前一句中得出.因为前一句中没有人这个名词,因此那个人应是通类的,除非谈话中已经默认了玛丽爱上了一个人。到这里浮现出了这些例子所要说明的准则:在同一段话中,如果 the N 短语① 前面已经实际出现过或暗中默认了某个特定类型的包含着 N 的句子,那么 the N 类型的短语就是一个单称词项。(我们马上就会解释限制语"某个特定类型的")因此,把一个 the N 短语当作单称词项也就假定了有这样一个句子存在。

第十二节

那个总指示着一个限制性从句,并且到现在为止,已提到的省略这个从句的唯一理由是防止赘述,也就是,此前已经有一个能产生这一从句的句子出现过,既然如此,我们也许会得出总结说,如果在话语的前一部分中找不到这样的句子,就不会出现不带从句的 the N 短语。但情况并非如此。有一些不带从句的 the N 短语在一段话的一开头就可能出现。这种反例分成三类。

第一类是以下这类表达:

那城堡着火了。
那总统病了。

在这些例子中,从句(我们小镇里的、我们国家的)被省略了,因

---

① 也可考虑一律译作"那个~"名词短语。——译者

为在给定情境中它们是多余的。这样的 *the N* 短语实际上近乎专名：它们自己就足以起到认定作用。难怪乎它们常以大写开头（the President，the Castle）。在一个小范围的说话者中更普通的名词也会获得这种资格：

  你喂狗了吗？

第二类相当于一种文学手段。一部小说可以这样开始：

  那男孩离开了这所房子。

这样一个开始暗示着熟悉，邀请读者进入此情此景：读者就在"那里"，他看见了那个男孩，他认识这所房子。

第十三节

  第三类完全不同。它包含一个通类性的 *the* 而没有实际从句。例子多的是：

  （27）那老鼠是啮齿类动物 [①]
  （28）那老虎生活在丛林中

---

 ① 汉语通常不说"那老鼠是啮齿类动物"而同时"那"指所有老鼠。但在戏剧语言里有近似的用法，如"那满天繁星"，"你看那张飞"。这里强行加上"那"，以对应英语中的定冠词 the。——译者

(29)印加人不使用那轮子

等等。这里显然无从复原一个用以限定老鼠、老虎、轮子的从句,因为这些名词的范围本来还没有被限定。那么,是否应该放弃定冠词总默认一个限制性从句的断言?不必放弃也不可放弃。为看清这一点,想想这句谚语:

唯那勇士可配那佳人。

其同义语显然是:

〔唯男人之中〕那勇敢者可配〔女人之中〕那佳丽者。

这提示着下面的省略形式:

the N wh... is A → the A(或)
……之中的那 N 是 A → 那 A

于是很容易看出:

这本书是为那数学家写的
只有那专家才能给出个答案

这些句子包含相似的形式,即:

(30) the N_i wh... is an N_j → the N_j

（或）

……之中的那个 N_i 是一个 N_j → 那个 N_j

因此，数学家和专家来自（是）（数学家）（的人）和（是）专家（的人）。与此类似，(27)—(29)的来源是：

那（是）老鼠／虎（的动物）

那（是）轮子（的工具）。

上面我们看到累赘的从句可以省略。在(30)中，累赘的名词 N_i 被省略了，那被转给 N_j，N_i 累赘，因为它不过是 N_j 的通类，因此很容易还原。这一点又提示：太高的通类由于不能再归属于更高的通类，因此无法套用(30)。的确如此：

老虎生活在丛林中[①]

印加人不使用轮子

这样的句子的确有(28)、(29)这样的同义语，但

[①] 老虎生活在丛林中在英语里既可以说 Tigers live in the jungle，也可以说 The tiger lives in the jungle，作者以此说明泛称时不定复数名称常可转变为带定冠词的名称，而且下面将探讨为什么有些情况下不能作此转变。但汉语在类似情况下只有一种说法：老虎生活在丛林中，因此无法通过翻译表现出哪些句子能作此转变哪些句子不能作此转变。作者所要探讨的道理在汉语里必须通过其他方式阐述。——译者

物体存在在空间中
猴子不使用任何工具①

却无法改写成：

那物体在空间中
猴子不使用那工具。

在后面这两个句子中，the N 短语必定是单称词项而不可能是通类，因此我们会去寻找借以认定那物体和那工具的从句是从哪些句子派生出来的，会询问我们是在谈论哪个物体（工具）。

最后一点可以视作(30)的非直接的证明，下面的例子则提供了更直接的证明：

在巴拉圭有两种大型猫科动物，那美洲虎和那美洲狮。

显然，那美洲虎和那美洲狮来自

那〔（种）是〕美洲虎〔的猫科动物〕和那〔（种）是〕美洲狮〔的猫科动物〕。

---

① 存在不存在更高的通类也许是由特定话语决定的。例如，在哲学著作中也许会出现那观念比那对象更完善这种通类性的句子，这里默认了一个包含观念和对象两者的更高的门类。

与前面例子不同，在眼下这个例子中，不可以用一个美洲虎和一个美洲狮或众美洲虎和众美洲狮来替换通类性的那美洲虎和那美洲狮。因此，通类性的那就不只是其他通类形式的变体。它有自己的来源。另一个例子：

> 欧几里得描述了那抛物线。

这里，一条抛物线、众抛物线或所有抛物线都不足以用来替换那抛物线。上面给出的解决办法在这里仍然有效：

> 欧几里得描述了那〔(种)是〕抛物线〔的曲线〕。

顺便提一下，虽然我们可以说：

> 欧几里得描述了众曲线

我们却不能这样表达：

> 欧几里得描述了那曲线。

因为曲线是太高的通类。[1]

---

[1] 正如人是一种特别的动物，人也是一个特别的名词。人的单数不带任何冠词时具有一种通类含义：人使用工具，而那猿却不会使用。

第十四节

如(30)所示，有时可以从先前的某个名词中把那转移出来，这一点提示了对下述这些由定冠词和专名组成的名词短语的解答：

  the Hudson 极可能来自那(叫)哈德森(的河)

  the early Mozart 极可能来自莫扎特早年(的)那些(岁月／作品)

  the Providence you know 极可能来你知道的普罗维敦斯(的)那个(方面／面貌)。

我们的确可以看到，像你知道的这样的从句并不直接属于普罗维敦斯，否则，下面一串句子就会变得可以接受了：

  你知道普罗维敦斯。*那普罗维敦斯已经不在了。

试比较表面上与此类似的下列两句：

  你有一所房子。那所房子已经不在了。

在此，第一句产生出从句你曾有的，这个从句使第二句中房子前的那变得合理。但在前一例中，第一个句子却不能产生从句你知道的，恰恰因为普罗维敦斯是个专名。因此没有哪个从句能使第二句

中的普罗维敦斯合理地加上那,因此,你知道的那普罗维敦斯并不直接来自

你知道普罗维敦斯。

第十五节

由于我们此前的研究都是归纳性的,我们关于如何从普通名词形成单称词项的结论必定都不是最终结论[①],就好像我们要为那些仍然有待说明的多种事实留出了余地。现在回过头来看,至少就一些主要线索来说,我们能够给出一个更有条理的说明,这项工作的全体非常复杂,还有许多细节有待进一步的研究。基本原则看起来有如下几条:

（a）定冠词所起的作用相当于一个附于名词的限定性从句。

（b）这个冠词提示,被如此限定的名词的整个范围已被穷尽,所有对象无一遗漏。

（c）如果是对一个个体的限定,定冠词就是不可或缺的,它标明这是一个单称词项。否则,这个词就是概括的,定冠词可有可无。

---

① 直译:以临时性的方式提供出来。——译者

（d）仅当派生出从句的那个句子先前已在同一段话语中出现过，或在同一段话语中已被默认，而且那个被限定的名词在那个句子中出现时已被认定（我们后面将解释这一点），这个从句才是对一个个体的限定。

（e）冗余的从句可以省略。

（f）如果派生出从句的那个句子先前已在同一话语中出现过，或交谈各方通常都知道那个名词在其中出现时具有认定作用的那个句子的信息内容，那么，这个从句就是冗余的。

（g）根据例句（30），冗余的通类名词可以省略。

第十六节

这些规则向我们提供了如下辨识任一 *the N*（此处 *N* 是一普通名词）词组的程序：

1）如果这个词组后接一个从句，寻找这一从句的主句。

2）如果找到了主句，并且它认定该名词，那么这个词组就是一个单称词项；如果被找到的主句没有认定该名词，那么这个词组就是一个概括词项。

3）如果找不到主句，就看一看我们能不能根据这段话的语境确认有一个和从句相应的具有认定作用的句子。

4）如果答案是肯定的，*the N* 词组就是一个单称词项，否则它就是一个概括词项。

5）如果这个词组后面没有后接从句，找一找是否在前面的一个句子里出现过未带定冠词的该名词。

6）如果发现情况的确是这样，则这个词组后面被省略的从句就可根据那个句子加以恢复。

7）如果那个句子具有认定作用，我们就得到一个单称词项，否则就得到一个概括词项。

8）如果没有这样的句子，就看一看我们能不能根据这段话的语境确认：话语的参与者默认有一个能够认定该名词的句子。

9）如果答案是肯定的，我们就得到一个单称词项，并且可依那个默认的句子恢复从句。

10）如果答案是否定的，则 the N 词组就是一个概括词项，而这个概括词项的上级门类已遗失，但可依例句（30）予以恢复。

为了用一个例子来讲清 the N 类型的单称词项的各种可能情况，请考虑下面这段话。我朋友打猎回来说：

你想想，我射中了一只熊和一只驼鹿。我射中的这只熊差点儿逃走，但这只驼鹿当场倒地死了。顺便提一句，我的猎枪棒极了，但你给我的地图错得一塌糊涂。

根据规则2），我射中的这只熊是单称词项；根据7），驼鹿也是单称词项，因为根据6），它有从句我射中的；根据9），猎枪是单称词项，它有我带的这一类从句；根据4），你给我的地图也是单称词项。

规则3）与8）求助于话语的语境，我得承认，这里牵涉到的相关考虑几乎是无穷之多。其中有些是语言学的，有些是语用学的。有时态变化的动词提示了单称词项，表明情态的上下文则提示了概括词项。但是，玛丽所爱的、一定很慷慨的男人，这里虽有一定这个情态词，却多半是单称；而曾经游荡在侏罗纪平原上的恐龙，虽然其中的动词是过去时，多半却指通类。实际上，在很多情况下，要下定论几乎是不可能的。就算你只有一只猫，但你妻子说的话：

那猫是聪明的小野兽

仍然可能含混不清，对我们来说，重要的是所有 the N 型的单称词项的普遍前提：或明或暗地具有认定作用的句子。这一点仍有待解释。

第十七节

我将再一次采用归纳的方式向前推进。我将列举出认定句的主要类型，然后试着找出它们的一些共同特点。

首先，在没有系词和情态动词的情况下，如果一个句子把一个名词与限定性名词短语连在一起，那么这个句子就认定该名词。限定性名词短语包括所有单称词项以及与它们相当的复数形式，如我们、你们、他们、这些男孩、我的女儿们、这些狗，等等。由此可知，下列各句均为认定句：

（31）我见到一所房子。那所房子……

（32）他们挖了一个洞。那个洞……

（33）这群狗找到一块骨头。那块骨头……

被认定的名词短语在句子中的位置是无关紧要的：

（34）一条蛇咬了我。这条蛇……

介词＋名词附加语也可以以两种方式连接：

（35）他们用一根棍子挖了一个洞。那根棍子……

（36）一个男孩和我一起吃了晚饭。那个男孩……

诸如此类。

由此可推知，*the N* 型的限定名词可以构成一环扣一环的认定。例如：

我看到一个男人。那个男人戴着一顶帽子。那顶帽子上插着一根羽毛。那根羽毛是绿色的。

当然，任何链条都得有一个开端。也就是说，包含有限定名词的话语，开头处大多必须有一个"基本"的限定名词：一个人称代词、一个专名、以一个指示代词或物主代词打头的名词短语。整个话语似乎依靠这些词项在个体组成的世界中扎下根来。

系动词如是和成为不起联系作用。以下的句子系列是不连贯的：

(37) 他是一个教师。那教师很懒。
(38) 乔成为了一个推销员。那推销员收入不错。

当然，我们知道，这两个动词在其他方面也很特别。它们的宾词并不取宾格，而且整个句子也不能转换为被动式。跟我们这里的课题关系更近的是这样一个事实：这些动词无法用来构建关系从句：

* 那个他所是的老师
* 那个他成为的推销员。

当然，这个特征恰恰为我们的定冠词理论提供了意想不到的支持：(37)(38) 两句是不连贯的，因为起始句无法为其后的 the N 短语提供从句。

与情态词相连的动词有时起连接作用，有时则否：

(39) 乔能够抬起一头熊
(40) 他本来可以娶一个有钱姑娘
(41) 你必须买一所房子
(42) 我本该观看一场演出的

在这些句子里，第二个名词短语可能是概括的也可能是单称的。

有些情况下，只要有一个过去时动词，名词就能得到认定：

  一个男人在一个海湾中捉到了一条鲨鱼。这可是个大个头的家伙。

第十八节

最后，有一种最为普遍的方式来引入一个单称词项：

  从前有一个国王，那个国王有七个女儿。这个国王……

这种"抽取实存"的样式对我们来说至关重要。看起来可以用它作判别认定句的标准：一个句子认定某个名词，当且仅当转换形式

  有一个 N，这个 N…（或）
  有一个"……"的 N

是一个可接受的改写。于是(31)到(36)中的认定句产生出：

  有一所我见到的房子。
  有一个他们挖的洞。
  有一块狗找到的骨头。
  有一条咬了我的蛇。

有一根他们用来挖洞的棍子。

有一个和我共进晚餐的男孩。

非认定句如：

猫是一种动物

老虎食肉

或(37)(38)之类,都不支持如下形式:

＊有一种猫所是的动物。

＊有为老虎所吃的肉。[①]

＊有一个他所是的老师。

＊有一个乔所成为的推销员。

很明显,对于(39)到(42)的情态语句,若能抽取实存,就表明把它们理解为认定句了:

有一头乔能抬起的熊

有一个你本该娶过来的有钱姑娘

[①] 前两个译句并没有复制英文原句的句法,只是表明有些语句结构不能成立而已。——译者

如此等等。由此我们可以得出以下结论：当且仅当话语允许采用有一个……的 N 句式时，任意一个短语……的 the N 才是单称词项。

第十九节

所有分析哲学家都会觉得这个结论极为面熟。因此，也许我们不妨从当前关于这个话题的争论着眼来重温我们的结论。

首先，我们已看到一给定的 the N 词组是不是一个单称词项的问题不能单独由它出现于其中的句子来确定。斯特劳森认为，这里关系到的是句子的使用或表达式的使用。这一点当然是正确的。但是，这并没有告诉我们用句子去作出陈述或用一个特定的短语去指称某事是什么意思。我们的研究结果提示一种更清晰更精确的方法。至少对于 the N 词组来说，它之成为具有唯一指称的表达式即单称词项，依赖于它在其中出现的那一话语的特定类型——这一话语一定在此前含有一个能认定 N 的句子。而且，我们还记得，这种句子总可以用抽取实存的句子有（存在）一个如此这般的 N 来改写。罗素主张，含有 the N 型单称词项的句子逻辑地导致存在断言，斯特劳森认为这种短语在用于指称时并不逻辑地导致存在断言，从上文的研究结果来看，罗素的主张过强，而斯特劳森的主张则太弱。的确，包含指称性 the N 词组的句子并不蕴涵存在断言，但另一个句子却蕴含存在断言，然而，这另一句子却是指称性 the N 词组的不可或缺的条件。

但是，你反对说，认定句并不需要真的出现，在许多情况下，它只是预设的或默认的。我的回答是：这在哲学上无关紧要。认定句的省略是语言经济的一个措施:我们不必劳神去说那些显而易见的东西。重要的是话语的本质结构。在给出一个数学证明的过程中我们经常省略掉一些对读者显而易见的步骤,但这些步骤仍是证明的一部分。省略认定句,就像省略证明中某些步骤一样,这取决于说话人认为什么对听众是显而易见的,而这在哲学上无关紧要。

我们的结论是同常识一致的。如果一个孩子告诉我:

(43)我昨天射杀的那头熊块头很大。

我将回答说:

(44)但是你没有射杀任何一头熊。

(44)和(43)并不矛盾,然而它和下面的话矛盾

(45)昨天我射杀了一头熊。

这是孩子默认的一个句子,想哄我把那头熊当作有所指称的表达式,但挺聪明地把这个句子省略掉了。那么句(43)是真的还是假的?它本身既不真也不假。这是因为,只有当(45)这个早先出现的认定句为真,the N 词组才能有所指。既然情况并非如此,那么那头熊并没有指称任何东西,尽管它满足单称词项所需的各项条件。

有些逻辑学家就像自然憎恶真空一样憎恶真值空缺,他们会坚持,如果一个句子包含单数 the N 词项,那么对这个句子的分析就

必须以某种方式把相关的认定句(有一个如此这般的 N)收到分析之中。他们的主张当然也满有道理的。从我们的研究结果来看，他们的做法远不像有些作者所断定的那样不自然。

第二十节

不过，支持特称描述语理论的哲学派别虽然获胜，胜利上面却也有一片阴影。因为我们现在要指出，

> 有一个如此这般的 N 类型

的句子并不一定断言"真实"存在，更不一定断言在时空中的存在。以下面的话为例：

> 我梦见了一只船，这只船……

起认定作用的那个句子很容易产生如下转换：

> 有一只我梦见的船。

这可以是事实，但并不意味着在现实中有这么一只船。如果有人主张此船有在梦中的存在，或我刚才想象的房子有想象中的存在，或有七个女儿的国王有童话中的存在，我只好同意。但我还是得补充一句：要是相应于不同种类的存在我们能够区别出不同类型

的话语就好了。当然，我们对关于"真实"存在的话语特别感兴趣。我这里给出一个提示。我在上面已指出，几乎所有包含单称词项的话语在开始处必定有一个"基本的"单称词项（或其复数对应物）。如果那里有诸如我、林登·约翰逊、乌干达这类指示一个真实实体的单称词项，那么我们就应该追溯到其他单称词项与这些词项的连接。只要这些环节是由推、踢、吃这类"维护现实"的动词构成的，我们就停留在时空现实中；而诸如梦见、想象、需要、希望、期待、计划这类动词则应引起警惕：与现实的连接可能中断，虽然不必然如此——现实也许会从另一条小路溜进来。如果我仅仅说：

> 我梦见了一所房子，那所房子……

人们就没有理由认为能在现实中找到我所梦见的房子。然而，如果我报告说：

> 我梦见了我出生在里面的那所房子，那房子……

我谈及的房子就是一所真实的房子，不过不是因为我梦见它，而是因为我出生在里面。这里是后一个动词而不是前一个动词在维护现实。当然，如果"基本的"单称词项是宙斯或很久很久以前的一个国王之类，我们也是不会弄混的。

要充分展开上述提示还需要大量饶有趣味的细节论述。暂时我们只得满足于这样的结论：一段话语中若有一个指称性的 *the*

N 短语出现，那么可由推论得知它包含一个有某物存在类型的断言。然而我们应该加上一个防止误解的说明：有一些东西并不真正存在。

第三章 各个与每个,任何与所有①②

第一节

全称量词一般用(x)(…x…)表示,在符号逻辑中用来表达概括命题,正如前一章指出的那样,日常语言有很多表达方式能达到同一目的。下面仅提出某些肯定形式:

(1)老虎是一种动物。③

---

① 这篇论文曾以同一个题目发表于《心灵》,LXXI(1962),第145—160页,眼下这个版本作了少许扩展。一些段落摘自《任何与所有》,这篇文章发表于《哲学百科全书》(P. Edwards 编)。

② 本章讨论的是英语里的四个数量指示词,*and*、*every*、*any*、*all*。汉语里没有一套四个概念来充分对应这四个英语词。当然,这也正是讨论中西文概念同异的有趣之处。由于本书例句的性质,我们不是每一次都按上下文译成适当的汉语,而是始终把这四个词分别译为"各个"、"每个"、"任何(一个)"、"所有"。有些译句读起来相当别扭。在必要的地方我们另加译者注。总的说来,汉语不只依赖数量指示词而是借助"都"、"一一"、"两两"等副词来表示这四个英语词所表示的差异。——译者

③ *A tiger is an animal. a tiger* 在这里形为单数,实泛指老虎,应理解为通类。汉语里则没有"*一只老虎是一种动物"这样的说法。汉语里也说"老虎都是动物"或"所有老虎都是动物",(注意,这时不再能说"一种"动物)这时,"老虎"是指一只只老虎的总和,强调的是无一例外。——译者

(2) 猫喜欢老鼠。

(3) 蝰蛇是一种毒蛇。

(4) 所有人都是会死的。

(5) 我读的每张报纸都登载了这个故事。

(6) 我发出的信被一一拦截了。

(7) 任何一个医生都会告诉你该做什么。

这些表达方式是不能随意调换的。这样的句子：

*我发出的任何一封信都被拦截了
*各只猫都喜欢老鼠

是不合常规或奇怪的，而句子

我读的一张报纸登载了这个故事
我发出的那封信被拦截了

则缺少了(5)、(6)所表达的普遍性。面对这些复杂的用语情况，难怪逻辑学家会因其简单而欢迎全称量词这类技术性的记号。即使人们并没有声称量化理论能说明使用这些语言媒介[①]所涉及的方方面面，但人们通常认为这一理论已经颇为成功地表达了各种各样的数量词在逻辑上的所有重要特征，而且比原来的方法表达得更

---

① 这些语言媒介(these linguistic media)，这里指各种各样的数量词。——译者

清楚：

> 量化法对"所有"、"每个"、"任何一个"等日常用法一视同仁，①对"某个、某些"和"某一个"也一样，……量化的做法清除了这一大堆令人无所适从的模棱和混乱……量化手段第一次使话语的这一层次服从于清楚的和普遍的运算法则。②

作者在同一篇文章中详细表明，我们现有的技术性手段的确清除了某些模棱和混乱。这些成绩令人鼓舞，自然而然让人想把所有包含这类数量词的句子都塞进量化理论定制的紧身衣里。但我恐怕这样一来就会掩盖了已经包含在这些数量词里的通常理解的某些方面，而其中有些方面在逻辑上颇为重要。量化理论成功地澄清了逻辑上的一些要点，但这并不表明剩下的东西只关乎修辞风格而没有逻辑上的意义；我们曾用某种方式成功地切分蛋糕，但这并不意味着那是唯一能成功切分蛋糕的方式。更明确地说，我有理由认为，把各个、每个、任何一个、所有捆在一起，都当作同一个逻辑结构的不同修辞风格，这种做法混淆了涉及指称类型、实存含义、法则式的概括命题等方面的问题。因此，下面我将尝试辨别并展示这些数量词的作用都有哪些差别，又有哪些相似之处。很奇怪，至少

---

① "所有"和"每个"意思接近，通常可以互换，例如(4)和(5)。每一个更进一步强调无一例外。既然很难设想有人疑问哪只老虎不是动物，每一只老虎都是动物就显得过分强调了，所以听起来相当别扭。但把(4)换成"每一个人都是会死的"则没有什么问题。——译者

② 引自奎田《数理逻辑》，第 70—71 页。

就我所知，还从来没人系统地从事过这项工作。

第二节

当我们来考虑有这些数量词出现的不同句子时，首先觉察到的区别就是每个和各个总是跟着名词的单数形式，而任何有时要求跟名词的复数形式，所有则几乎总是这样要求。

任何在要求单数还是复数这一方面上是不一致的，我们暂且把它放在一边，而把所有作为一方，每个和各个作为另一方，集中考察一下这三个词在这一方面的区别，并且尝试寻求这种区别背后的原因。因为，我们将要看到，这种区别绝不仅仅是语法上的任意规定：它恰恰提示出了这些词的含义本身的区别。

考虑一下这些命题：

（8）所有那些木块都是黄的。
（9）所有那些木块都是相似的。
（10）所有那些木块都契合在一起。
（11）所有那些木块的数目是 17。

很清楚，当且仅当命题

（12）那些木块中各个木块（每个木块）都是黄的

为真时，（8）才为真。因此在这儿，至少就真值而论，这三个词的

作用并没有显露出什么区别。不过,考虑一下(9)、(10)、(11),情形却大有不同。比如,首先:

这些木块中各个木块(每个木块)都相似于

还不是一个完整的句子;"相似于什么?"这个问题还没有着落。我们可以力图表达得更明确一些:

(13)这些木块中各个木块都相似于其他的每个木块。

可即使这种说法也有未尽之处。如果我们把相似关系阐释为"至少具有一个共同的特性",那么就很有可能是:各个木块都与其他的每个木块相似,而所有这些木块却并不相似。耐尔逊·古德曼关于"不完善群体"的例子就足以表明这一点。① 举三个各具鲜明特征的要素,分布如下:ab,bc,ac。于是,按古德曼给出的阐释,任何两个要素都相似,所有要素却并不相似,因为全体成员间并无共同特性。因此,尽管(9)显然可使(13)成立,后者却不能使前者成立。

至于(10),区别就更其显著了。

这些木块中各个木块(每个木块)契合在一起

这个句子同样没什么意义,而经修改了的说法:

---

① N. 古德曼:《显相的结构》,第 125 页。

(14) 这些木块中各个木块都与其他的每个木块契合在一起

仍然不能与(9)相当。很有可能是这样：各个木块都与其他的每个木块契合，而所有木块却并非契合在一起。想想排成 L 形的木块组合吧，其中任何两块都契合在一起，共同组合成一个立方体。因此(14)并不能使(10)成立。但在这个例子里，(10)本身也不能使(14)成立：拼图玩具的所有拼块都契合在一起，各个拼块却并不与其他的每个拼块契合。不过，各个拼块还是必须与若干其他的拼块相契合的。

　　命题(11)则以最为极端的形式把这种区别表现了出来。其相对应的句子：

　　(15) 那些木块中各个木块（每个木块）的数目都是 17

没什么意义，除非对"……的数目"作出完全不同的阐释，比如在每个木块上标着 17 这个数目。自然，在这个例子里，(11)和(15)之间是完全没有任何逻辑联系的。

第三节

　　上面这些例子表明了什么呢？我们发现，在非关系谓词中，所有与每个、各个之间的用法差异并不反映在出现这些词的命题的真值上；而在某些关系谓词中，这种差异却又似乎体现在真值上。当然，恰恰因为这一点我们才使用这些关系谓词。相似关系（根据上述解释）与契合关系能够在集体意义上应用于整个集合，或者在分离意义上应用于整个集合的子集（两两成对），而相似的与相契合这类表达式仅凭自身却并不显示它们是在哪种意义上作谓词的。因此，只能单独由数量词来决定给定情况属于两种情况中的哪一种。不过，既然集体意义不一定暗含分离意义，反过来也一样，换言之，在一种意义上的命题可以为真而在另一意义上的命题却为假，所以，这种真值上的区别显然提示出这些数量词之间的含义区别。与之类似，在最后一种情况中，数量词所提示的可能是集体性的指涉也可能是分离性的指涉，结果，短语……的数目就要随之作出完全不同的解释。于是，我们能够有把握地得出以下结论：至少就一组给定的个体而言，对应于所有的指涉是整体性的，而对应于各个或每个的指涉是分离性的。①

从另一个方向入手我们也得出相同的结论。由于上述理由，关系谓词又一次为我们提供了最好的例子：

  该部落中每个成员都有两个妻子
  该商店中各个商品都卖 5 美元

---

① *every* 和 *each* 都是从一个一个无一遗漏的意义上说到全体，不过，*every* 强调的是无一遗漏，*each* 强调的则是一个一个、逐一、个个、各个、各自。可以说，*every* 强调从每一个直到所有，*each* 强调从所有到每一个。汉语里没有两个单词与这两个英语词相当。如果再加上 *all*，我会列出下表：

all 全体	every 所有		each 每个
all rise 全体起立	every general agreed 所有将军都同意了	每个将军都同意了	each general went his own way 每个将军都自行其是 将军们各自为政

不意味着该部落的所有成员合起来只有两个妻子，或者该商店的所有商品合起来只卖5美元。在所有这些情况中，所有仍意味着集体性，每个或各个仍意味着分离性。

现在，我们明白了为何所有总要求后跟复数名词，而每个和各个总和单数名词相连。我们还明白了另外一些奇特之处。我们在上面曾提到：

所有那些木块都是相似的

是个完整的句子，而

那些木块中各个木块（每个木块）都是相似于

这一句子却需要再作补充。其中的理由是，相似，作为一种关系，至少需要两个事物；所有既然指涉的是集体，提供的自然已经不止一个；而各个或每个则是分配性的，因此只为我们提供一件事物，只不过仿佛提供了好多次。难怪我们会寻找另一件或另一些事物：相似于什么？

此外，所有还具有一种各个与每个[①]所没有的特殊用途：只有它会和在这种那种意义上就其本身而言就具有集体性的名词连用：

我们获取的所有信息（*information*）都毫无价值。

[①] 不过通常情况下，"每个"比every带有强烈得多的"各个"意味：个个都一样，各个不同。——译者

所有石油（*petroleum*）都来源于有机物。

所有国人（*nation*）都记得他。①

我们感到所有一词在此几乎是多余的：它只是更加强调了对象的全称性质。无独有偶，这些例句都是规则的例外：在这里，所有后面跟的是名词的单数形式。

最后，我们一方面有所有一起的和所有全部的等短语，另一方面有各自分开的和每个单独的等短语②，这些短语的构成都合乎我们上面用较为精细的手法描画出来的图画。

第四节

在到此为止所举的例子中，我们对每个和各个差不多不加区别。然而，我想只要更仔细地检审，在这里也会发现一些区别。不过这些区别甚为精微，无法靠单纯比较真值来确定。为了准确把握这些区别，我们必须尽力调动我们对英语习惯用语的语感，并且不吝求助于其他方面的帮助，不管它们来自实际方面还是历史方面。

---

① *information*，*petroleum*，*nation* 等英语词在这种上下文中是不可数的，不能说 *an information* 等，"信息"等汉语词却无所谓可数不可数。——译者

② all 有时应译作"全体"，有时应译作"所有"，*every* 有时应译作"所有"，有时宜译作"每一个"，*each* 有时宜译作"每一个"，有时宜译作"各个、各自、逐一"。汉语经常不加区别地用每来表示 *every* 和 *each* 这两种意思，要强调 *each*，须采用"一个一个分别地、每一个各自地"等说法。最典型的说法如"各个击破"。但为了与原文对应，我们尽量一致把 all 译作"所有"，把 *every* 译作"每个"，把 *each* 译作"各个"，或与特定上下文相应的"一一""两两""各自""逐个"。"各个"和"每个"有时很难区分，在英语里 *each* 和 *every* 有时也难以区分。——译者

在这项工作的进程中，我打算在适当的场合回过头来补充一些对所有的评注；这些补充也许使我们有机会往上一节的逻辑素描上添些色彩。

这里，我们再一次从一种可说是语法性质的区别出发。*each of them* 这个表达式是正确的，而 *every of them* 却显得不合语法；我们只能说 *every one of them*，相反，*each one of them* 就有点多余。*each*〔各个〕仿佛已经包含着 *one*〔一个〕，并以一种特别的方式把我们的视线引向个体因子。实际上，

　　他每个星期天都来
　　他各个星期天都来

这两个句子都是正确的（不过我们还是能感觉到某种差异），

　　他各两天来一次
　　他各三天来一次

这两个句子听起来却相当别扭，其通常形式是：

　　他每两天来一次
　　他每三天来一次。

其理由似乎是，不参照别的日子，就没有哪个日子是第二日或第三日。照此看来，每个把日子放在别的日子当中来看待，而各个则把

日子一个一个单独看待，就仿佛和其他日子没有联系。我们可以从字典上得到一个提示：*every* 是由 *ever each* 来的；因此从源头上讲，它的作用在于把各个的分离性质总汇起来。在这个意义上，每个介于各个和所有之间。这就说明了为什么当相关的类仅仅包含两个元素时，*every* 就会变得虚浮多余；我们只能说：

  两个人各自……

却不能说：

  两个人每一个都……

因此毫不奇怪，在以下语境中是只能用 *each* 的：

  他们各自贡献了自己的一份。
  这些东西每个卖一分钱。
  他们俩相亲相爱。
  这些三角形的对应边两两相等。

在后两个例子中，*each* 所扮演的角色更接近于一个而不是接近于每个——我们所想表达的是一对一的关系或相应的关系。

  为避免吹毛求疵的嫌疑，我现在把我的论证转移到更为实际的层面。假设我让你看一篮苹果并对你说：

> 所有的都拿走吧!

假如你一个一个地拿,我会感到诧异。我全部奉送:只要你拿得了,这些苹果你应该"一下子"都拿走。如果我说:

> 每一个都拿走

我不会管你怎么拿,只要别剩下就行。如果我说:

> 逐个拿走

你会觉得话还没说完。你会预期

> 逐个拿走,依次检查一下

之类。这时我预期你一个一个地拿,别漏掉任何一个。

第一个祈使句的预期反应,与上一节中所总结的所有的集体性正好相合。另外两个祈使句都是分离性的,但侧重点明显不同:每个侧重于完全,或不如说侧重于无遗(想想 ever each);而各个则让人去注意依这样那样的次序逐一出现的那些个体。这种对个体的注意并不是多此一举:你得一个接一个对它们逐个做点什么。

下面这句话是有意义的:当国王走进议会大厅时,所有议员都站了起来(就像一个人那样一齐起立);"他们每一个人当时都站起来了(没有一个人还坐着)"也是有意义的;但"他们当时各自都站起来了"听起来却颇为奇怪。另一方面，说"当叫到自己名字时议员各自站起来"比说"当叫到自己名字时每个议员都站起来"要来得恰当。

总结：本节的讨论不仅再次肯定了集体性的数量词所有和分离性的数量词每个及各个有基本的区别，而且也提示后两个数量词在特定功能上的差异。我们还更进一步发现其中有些区别不仅仅是语法上的或风格上的区别：它们也可能影响到真值。这一结果也许能激励我们去面对那最难的同时又是最为重要的任务：检审任何一词的逻辑功用。

第五节

任何的含义是多姿多彩的，没有哪个例子能单独展现它的所有方面。我们最好是逐一揭示这些方面，分而研究之，然后根据以上几节勾画出来的那几个主要角度来解释任何在某些典型场合的含义。

我这里再一次用一篮苹果来开头。现在我对你说：

拿走任何一个。

这次奉送远不如以前几次那么慷慨：现在我没有请你拿走所有的，或拿走每一个，或逐一都拿走；我只给你一个，当然，是你最想要的那个。因此这种奉送倒也有某种慷慨，因为它允诺了普遍的选择。如果我只是说：

> 拿一个去

你或许会以下述方式来检验我心有多好：

> 你是说任何一个都行吗？

注意，在这种上下文中，仅仅说任何缺乏确定性是不够的。拿一个去同样不确定，但关键之点在于，这时候也许仍然要由我来确定；你有可能有意义地反问，拿哪一个？拿走任意一个却让你来做决定：这时候反问拿哪一个是没有意义的。因此，在前一种情况中，我只是没能做出决定，而在后一种情况下，我让你来做决定，换言之，我给了你个人选择的无限自由。值得注意的是，任何一词所蕴涵的自由"音调"与强制是不相容的：拿走任何一个很难说是命令，那是个奉送。我命令（强制、强迫）他拿走任何一个或你必须拿走任何一个几乎没有意义。

在声称或断言某事的场合，这一点表现得尤其明显。断言：

> 我能打败你们中的一个

或

> 我能打败你们中的某些个

离着断言：

> 我能打败你们中的任何一个。

有十万八千里。前两个断言宣称我能打败你们中的一个人(或一些人),但我不愿挑明他(或他们)究竟是谁。第三个断言却宣称不管从你们中挑出谁来,我都能打败他。

任何这个词把不确定和普遍混在一起。考虑到后面的工作,我们姑且把任何的这种十分奇特的用法称为"自由选择",这是一个本质件的特征:在缺乏这类自由的场会,使用任何就毫无意义。假设你接受了我先前的奉送,拿走了一个苹果。现在我能怎样说?我肯定会像这么说:

> 他拿走了一个
> 他拿走了一个他喜欢的
> 他拿走了那一个

就算是你依我所建议的拿走任何一个行事,我也肯定不能说:

> *他拿走了任何一个。

所以,再说一遍,任何的主要特征并不在于单纯的不确定性,因为他拿走了一个也够不确定的。任何在吁请一个选择,可是一旦做出了选择,任何就失去了意义。

第六节

我最初的奉送是：

> 拿走它们中的任何一个

这个奉送清楚地限定了允许你拿走的苹果数。但没有什么可以妨碍我变得更为慷慨：我也许会让你：

> 拿走任何两个（或三个，等等）吧！

所以，任何这个词本身看起来无关乎它直接的应用范围有多大。
　　另一个考察也能表明同一结论。假如我问你：

> 你拿了两个吗？

假设你拿走了三个，那么你就得回答说：

> 不，我拿了三个。

但若我的问题是：

> 你拿了任何苹果吗？

那么，不管你拿了几个，你都不能回答"不"，而要回答：

是的，我拿了三个。①

由此可以揭示出任何的一个新特性，我们可以称它为"无关乎多少"。拿走任何意味着：你不仅可以自由挑选这个或那个，而且可以自由选择拿多少。

这种"无关乎"有一个非常有意思的限制：假如我用任何一词表达我的奉送，那么我的慷慨就会有一个上限。假设篮子中只有五个苹果，我最多能请你拿走任何四个，而在逻辑上我就不能一直走到头让你拿走任何五个。因为这么一来就会使你的选择自由落空，从而使我所使用的任何一词失去意义，所以可以这么总结，任何一词的直接应用范围不能穷尽全部成员，换言之，任何从来都不等于每个。我们此后不妨把正在讨论的这个数量词的最后这个特征称作其"不完全性"。

第七节

现在我们可以来考察任何这个词的一些更有趣也更重要的用法了。虽然有时令人生厌，但我们的确经常会听到这样的广告：

---

① 这一段讨论的是英语里何时说 *yes* 何时说 *no* 的习惯，和汉语的习惯不同，所以这几句虽译成汉语，并不能为万德勒提供理据。——译者

> 任何医生都会告诉你嚏立停有效。

假设我们对广告伦理感兴趣,想调查一下做广告的厂商的这种说法是否属实。我们该怎么做呢?

你会说:"很显然,我们应该调查一下事实是否确实如此。"这种回答虽然直截了当,可糟糕的是,这似乎引向了某种无法做成的事。为了认识到这一点,我建议先考虑一下另外两个例子。假设你告诉我:

> 琼斯医生明天会来。

第二天,琼斯医生如期而至,这时候我可以说:

> 你告诉我琼斯医生今天会来,他果然来了。

换句话说,事情正如你所预言的。现在假设你说:

> 琼斯医生会告诉你嚏立停有效。

这句话也可以看作是一个简单的预测:无论我是否对他发问,他都会这样告诉我。但其实这句话明面上的意思与此稍有不同,它是说:

> 如果你去问琼斯医生,他会告诉你……

第三章　各个与每个，任何与所有　103

在这种情况下，这个预测就是有条件的。现在我去问琼斯医生，他给予肯定的回答。因此我就可以得出结论说：

> 你预测说如果我去问琼斯医生，他会告诉我说嚏立停有效。我问了他，他果真这样告诉我。

换句话说，结果事情又正如你所预言的。

现在我们再来看做广告的厂商的说法：

> 任何医生都会告诉你嚏立停有效。

乍看起来，这似乎也是一个有条件的预测：

> 如果你去问任何医生，他都会告诉你……

问题是，如果我做了调查，而且结果是肯定的，我怎样表达这个结果？好，也许我最终可以这样说：

> 他说任何医生都会告诉我嚏立停有效。我问了琼斯医生，他果真这样告诉我。

或者

> ……我问了许多医生，每个人都告诉我嚏立停有效。

但是——这一点非常关键——不管我做了什么，也不管我听到了什么，我都不能说：

他说任何医生都会告诉我嚏立停有效。
*我问了任何医生，他(们)都告诉我嚏立停有效。

因此，在一个很重要的意义上说，我不能像在前几例中那样，以同样的方式得出结论说：事情正如做广告的厂商所说的那样。

为什么会有这种区别？我们回想一下上文说到的任何一词所包含的选择自由，就会认识到，虽然你可以让我去请教任何医生，或者你可以断言任何医生都会告诉我如何如何，我都不能报告说我请教了"任何"医生，我也不能陈述说"任何"医生告诉我如何如何。我问了某某人，或某某人告诉了我，这一类上下文是用来报道既成事实的，这种用法排除了任何这个词从根本上就包含着的选择自由——事实不是自由的。你可以陈述 A 是 B，或所有的 A 都是 B，经过一番调查之后我也许得出结论说，"我考察了 A，发现它是 B"，或"我考察了所有的 A，发现它们都是 B"；你可以预测说 A 将会是 B，到时候我也许报告说，"A 真的变成了 B"；但是，虽然你可以断言任何 A 都是 B，我却永远不能得出结论说，"我见过任何 A，发现任何 A 其实都是 B。"

去问琼斯医生，他会告诉你……

这句话里的他指的是琼斯医生。

去问任何医生,他都会告诉你……

去问任何医生,他们都会告诉你……

这句话里的他或他们指的不是我可能会去请教的"任何"医生;而是指的我实际上去请教的一个或多个医生。要是我不请教任何医生呢?那我就应该说,他或他们不指任何人。说到底,最后这两个例子等于说:

去问任何医生,你问到的那个或那些都会告诉你……

这样,提供指称的人就应该是我。说:

任何医生都会告诉你……

就是发了一纸进行有条件预测的全权委任状:委任谁由你来填。你选定了琼斯医生;好,如果你去问他的话,他就会告诉你。你选另外二十五个人;那么我就是说,如果你去请教他们的话,他们就会告诉你……你谁都不问?那等于你不使用这份委任状,但它依旧有效。

总而言之:做广告的厂商说的那些话不是可能为真也可能为假的陈述。他也没有做一个可能对也可能错的预测。他所做的是发了一纸进行有条件预测的全权委任状,可能是可靠的,也可能是不可靠的;他做了一个断言,可能得到证实,也可能被证伪;可能得到确认,也可能被否认。在某种意义上说,他向我们提出了一个挑战,我们可以接受，也可以不接受。这与上文所说的"拿走任何"一样，那不是一个可服从也可不服从的命令，而是一个可以接受也可以谢绝的奉送。

第八节

可这样一来，我的处境就颇有些不妙，很可能会有人这样反问我："这纯粹是诡辩；只有每个医生都说嚏立停有效，做广告的厂商说的才是事实，否则他说的就是假的。"

我的回答是：你对厂商太不公平了——因为他根本就没有作此断言。再者，虽说他能有多诚实我们都知道[①]，他还不至于提出一个无法落实的断言。只说一点：谁敢肯定就没有那么一个医生会持相反的看法？然而，他的断言是可以落实的：你可以选一个你信得过的医生，你可以请教随便多少个医生，如果他们之中没有一个不同意，那么你就可以得出结论说厂商的说法是站得住脚的。

"你太不较真了，"你坚持道，"我非得问遍天下每一个医生才肯罢休。"

要是这样的话，你就不光是不公平，你甚至不合逻辑。厂商的意思是你可以去问任何医生，——你去问他们，他们就会告诉你如此这般。而你却要去问所有的医生，这当然就不光是不礼貌了。还记得我们上文说到的苹果么，我说"拿走任何"。你难道要说你若不拿走所有的苹果就是没接受我的奉送吗？不，我要说你若全都拿

[①] "Honest as he is" 是一句反讽。——译者

走就过分了。你要求完全,这个要求又一次和任何所包含的选择自由相冲突。

"但是,"你会问,"依你的意思,怎么算是证实了厂商的说法呢?"

就像我刚才说的:我会去问相当数量的医生,其中包括非常诚正的专家,如果他们的判断都是肯定的(或者可以说几乎都是肯定的),我就可以得出结论来说厂商的说法得到了证实,否则就不能这么说。换句话说,我应该利用任何这个词所给予我的选择自由来选择我信任的医生;我应该充分利用这个词无关乎数量的特点来请教无论多少个医生;但是最后,正是由于同一个词中蕴涵的不完全性,我不应该觉得必须没完没了地问遍天下所有的医生。如果你愿称此为不完全的验证,那也无妨;我只想提醒你完全验证的想法与"任何式命题"是相抵触的。

第九节

我们前面注意到,即使事实上没有一个医生告诉我嚏立停有效

任何医生都会告诉你嚏立停有效

这个命题绝不因此不可信,因为有可能是我没有去问任何医生。与此相似,

任何擅入此地的人都将遭到起诉

这种警示也不会因为从来没有人擅入此地而成为不实之辞。这种缺少"实存意义"的现象不仅限于规则、规定、警示或以将来时态提出的命题。试比较：

> 我的每个朋友都抽烟斗。
> 任何是我朋友的人都抽烟斗。①

如果我没有朋友，第一个命题就没有意义。第二个命题却不一样，它的意思是说，如果某人是我的朋友的话，他就抽烟斗；如果他不抽烟斗，他就不是我的朋友；而且无论他是谁，概莫能外。然而，我很可能没有朋友。这并没有什么可奇怪的。

我们再来看看下面这种命题：

> 任何征服了月球的国家都能控制地球。
> 任何永动机都会违反热力学定律，而这是不可能违反的。

很显然，我们可以接受这些命题，哪怕我们知道还没有任何国家征服了月球，哪怕我们已经提示永远不会有永动机。我们毕竟都可以说这样的话：

> 任何做到这一点的人都会创造一个奇迹

---

① "任何"和 *any* 的共同点在于，它们都倾向于用于对实存不置可否。但"任何"不如 *any* 明确。——译者

哪怕我们根本就不相信有奇迹。

因此，用前面的那个类比来说，一张为有条件的预测所发的全权委任状，或就这一点来说，甚至一张为有条件的陈述所发的全权委任状，其前提中可能规定了一些没有任何东西实际上予以满足的甚至也不可能予以满足的资格，或没有任何东西实际上予以兑现的甚至也不可能兑现的条款。可是，人们就可以问，提出这样一个空洞断言有什么意义呢？一张不能兑现的支票有什么用处呢？我的回答是：这种空白支票并非没有任何用处。根据第一个命题，人们可能得出一个令人警醒的结论：

> 如果俄罗斯征服了月球，她就能控制地球。

基于第二个命题，人们可以反驳一个耽于幻想的发明者：

> 如果你构想的是一台永动机，这种构想就会违反热力学定律，而这是不可能违反的。

在第二个例子中，我们恰恰根据结论是不可能的来论证前提是不可能的。

因此，一个"任何式命题"的重要性不在于前提和结论中提到的条件实际上能否实现，而恰恰在于这些条件之间的关系。这样的命题等于是说任何满足前提中指定条件的东西也服从于结论中明确提出的条件：如果一件事情满足前者，它同样满足后者；或者至少可以说，假使它服从于前者，那么它同样也服从于后者。让我们来重申这一点，一个"任何式命题"是一张为有条件的陈述或预测所发的不加限定的委任状，我们还可以加上说，这里的条件包括反事实的条件。我们也可以换成一个浅显的结论来说：它是一个开放的假设，一个定律类型的论断。①

第十节

在本章开始几节，我们讨论了所有、每个和各个这三者之间的区别。从我们所挑选例子来看，数量词的范围由某一个适当的代词或具有认定作用的从句限定得很清楚，即限定为一个确定的、有限的对象集，例如一堆木块、一篮苹果等等。后来我们又考察了任何一词，结果碰到了另一类例子：它们以一种相当不确定的方式提及复数的医生、侵犯者、永动机等；说白一点，我们并没有当真在指称这类个体的某个集合，而是集中考虑某人-物之为一个医生、一个侵犯者或其他什么的条件是什么，集中考虑只要他（它）满足了这些条件就会有什么结果——而不问他（它）具体是哪一个。与此相应，这些命题并没有接受认定候选对象的任务；就此而论，它们是非限定的、开放的。打个比方来说，我们所关心的不是网中捞到的鱼，而是能捉到某些鱼的网；就算这张网实际什么也没捞到，我们也不在意。

第二类例子和第一类例子的根本区别向我们提示，可以用一种

---

① G. 赖尔意识到了"任何"的用法和类似定律的论断之间的联系（《心的概念》，第 120 页之后）。

更鲜明的表述把任何这一方和各个、每个那一方划然区分开来,并把恰好居中的所有一词的用法一分为二。

我们先来考虑我们一直略过未提的两种类型的句子:疑问句和否定句。

> 圈里所有的猪你都看见了?
> 圈里每只猪你都看见了?

很清楚,这两个问题都默认猪圈里有猪。再看否定句:

> 我没看到圈里所有的猪。
> 我没看见圈里的每一只猪。

这两个否定句差不多同样暗含这层意思:圈里有说话者没有看到的猪,同时强烈提示:他看见了猪。在适当的上下文中,这一结论也适合于各个:

> 你各封信都回了吗?
> 我没有各封信都回

如果压根没收到过信,问和答就都会落空。反过来,任何却不包含实存含义:

> 你在圈里看到任何一头猪了吗?

> 我在圈里没看到任何一头猪。

这两句话都不要求圈里有猪。更有甚者,明确询问实存的句子,如:

> 圈里有任何一头猪吗?

则充分利用了任何一词对实存不置可否的特点。肯定性的文句更加强了上述观点。

> 你发出去的各个(每个)消息都被拦截下来。

是一个正确的句子,但

> 你当时若发出各个(每个)消息,都会被拦截下来。

无疑是错的。任何则相反:

> 你当时若发出任何消息,都会被拦截下来。

是一个正确的句子。而

> *你当时发出去的任何消息都被拦截下来了

则是错误的句子。

第三章　各个与每个，任何与所有　113

因此我们再次看到各个和每个适合于实存性的文句，而任何则坐落在非实存性的文句中。就这一点说，所有却藏着出人意料之处：

你发出去的所有消息都被拦截下来。
你当时有可能发出去的所有消息都会被拦截下来。

这两句话都是可接受的，尽管在第二个命题中明显缺乏实存含义。

所以，我们不得不说，尽管各个和每个总含有实存之意，但所有单从它本身来看却不是这样。不过，我们在早先的例子中曾看到，所有也可能出现在那些确实具有实存含义的命题中，这是由于那里有某种别的指称机制，如定冠词、指示代词或物主代词，它们能和所有结合在同一个名词短语之中。

而任何却不可能这样结合：我们没有任何那些……任何我的……，这类说法，我们必须说那些东西的任何……，也就是说，我们把定冠词放到一个独立的名词短语中，由该短语承担实存含义。①

所以，任何和所有具有一个共同特点：它们可以出现在缺乏确定指称和实存含义的文句中，我们还可加上一句，它们在此是以相同的意义出现的。举几个例子：

你当时有可能发出去的所有消息……

---

① 汉语既可以说"我的话里任何一句……"也可以说"我的任何一句话……"，但"任何我的话"即使不是全错也非常别扭。——译者

　　　　你当时有可能发出去的任何消息……
　　　　尝试用所有办法去完成它
　　　　尝试用任何办法去完成它

或

　　　　所有违章都会遭到起诉
　　　　任何违章都会遭到起诉

在这些例句中，所有和任何的确可以说只有修辞上的区别。若在它们出现的地方使用各个或每个，当然不可能不造出怪怪的句子来。

　　因此，任何和所有是连着的，而各个则和每个相连。这一点最漂亮地体现在这个事实上：我们有两个短语，一个是 *any and all*[①]，一个是 *each and every*[②]。好好看一下这两个短语会有所心得。想想下面两个句子：

　　　　各封信、每封信都退回来了
　　　　任何信、所有的信都将退回来

我们感到在这里用上每封和所有不过是再强调一下各个和任何原本就有的普遍性而已。如果是这样，非实存性的所有的含义当然

---

① 中文没有相应的短语，直译：任何和所有。——译者
② 中文没有相应的短语，直译：各个和每个。——译者

就不可能和任何有什么不同，正如每个和各个的含义基本上没什么两样。须知，every 就是 ever each（所有的各个）。那么，非实存性的 all 是不是和 ever any（所有的任何一个）差不多呢？我们没有这样的短语，但我们却有 whatever（无论什么东西）这样的词（与它同族的还有 whenever、wherever 等等）。稍一思忖，我们就发现 whatever 与 any（任何）的关系比与各个及每个要接近得多。

第十一节

任何这个词的最意想不到的特征之一是对它的如下奇特限制：它不可以在简单陈述句中出现：

> * 任何一个医生都告诉我……
> * 我问任何一个医生……

是不合乎语法规范的，甚至

> 任何一只乌鸦都是黑色的

也有点不正常。最后这个例子我们可以通过引入一个情态从句来加以纠正：

> 你能挑选出的任何一只乌鸦都会是黑色的。

在这一方面，所有的用法较为自由。我们无须加上从句或情态形式就可以得到正确的句子：

    所有乌鸦都是黑色的。

然而，所有的这种非指称性的用法的含义与非指称性的任何相似。首先，它对于实存不置可否：

    所有不受外力影响的物体……

这样的物体是不存在的。不过，法则自有其重要性，能带来重要的推论。就说一点吧，它允许我们进行反事实的推论，例如：

    假使这个物体不受外力的影响，那么它会……

其次，我可以宣称任何一个医生都将告诉你怎么做，但不可以声称任何一个医生都确曾告诉你怎么做，同理，我也可以宣称所有的乌鸦都是黑色的，但不可以声称过去所有的乌鸦都曾是黑色的。我最多可以说：

    我们过去观察到的所有的乌鸦都（曾）是黑色的。

这等于说：

我们过去观察到的各个(每一只)乌鸦都(曾)是黑色的。

这样,非指称性的"所有式命题"和"任何式命题"一样,不可能通过枚举归纳法的结果来证明其为真。这种命题总是开放的,而证据的陈述和事实的陈述都必须是封闭的。法则不是事实的陈述,事实的陈述亦不是法则。由于任何在语言学上的局限,它不适用于简单的陈述性语境,于是所有便挺身而出,在这种语境中承担起任何所含的逻辑意义。从而,我们看到科学法则都采用以所有开头的标准形式。

我们说这种法则无法在直截了当的意义上得到验证。然而这并不意味着它们不可能得到证实。而正由于事关法则的证实,所有与任何之间的亲缘,而非所有与每个或各个之间的亲缘,才成为关键之点。

第十二节

我现在设计一个有限模型来说明这一点。一个袋子里装有一百个石球,我们随机查看了其中的十个,结果十个都是红色的。那么,我们从这一百个石球中拿出的任何一个石球将是红色的这种概率很高。可是,这袋子里每一个石球都是红色的这种概率却低得多。[1] 如果袋子里有一千个石球,而我们查看的结果同上,那么,第

---

[1] Nicod 注意到这种关系。"如果'所有的 A 都是 B'是可能。那么,'任何 A 都是 B'就更可能,因为这时我们只面临一个失误危险而不是面临几个。反过来,即使,'任何 A 都是 B'是可能的,这时'所有 A 都是 B'也许仍是不大可能的甚至完全不可能。例如,如果有可能甚至肯定一千个 A 里只有一个不是 B,情况就会是这样。"(J. Nicod,《几何基础与归纳法》,第 211 页)

二种概率将更低,第一种概率却几乎不变。显然,当石球的数目趋近于无限,"每一式命题"的概率将趋近于零,而"任何式命题"的概率却基本保持原样。现在让我们假设查看的结果是混合的:九个石球是红的,一个是黑的。这时,"任何式命题"的概率仍然相当高,而"每一式命题"的概率则为零。任何站得住脚的概率理论都会符合这些直观结论。

于是,如果法则:

(16)所有乌鸦都是黑的

被理解成:

(17)世上的每一只乌鸦都是黑的

那么,不管我们有多少证据,这个法则的概率都接近于零,因为世上有近乎无穷多的乌鸦——过去的,现在的,将来的。然而,如果(16)被解释为:

(18)我们能够选出的任何一只乌鸦都是黑色的

那么,不管世界有多大,不管乌鸦有多么多,从已有的证据来看,这个法则的概率都很高。进一步说,如果出现一只得白化病的乌鸦,(17)就明显为错,而(18)的概率也只是略受影响而已。我还可以补充说,(18)成立的范围还可以扩展至任何两只、任何三只等等,随你怎么扩展，都有足够的证据支持我们去冒较大的风险。

就科学的实际情况而言，"所有式"的科学命题显然是依任何一个而非依每一个来解释的。卡尔纳普认识到了这一点，从而建议把"合格实例证实"作为证明归纳性定理的真实标准。①

无论上述问题应如何确切表述，我们的研究结果已足够表明，如果我们只是简单地应用量化理论，就可能抓不住日常使用数量词时所涉及的全部逻辑特征。我们通过对照所有和各个、每个已经发现了一些这样的逻辑特征，但是，这一理论错失的最重要的逻辑特征是那些与任何相连的特征。因为我们有理由希望，如果仔细分析最后这个数量词，也许再加上相应的逻辑模型，我们就可能为法则式命题的研究开辟新的路径。而在这些事情上，开始希望就已经是有所成就了。

---

① 卡尔纳普，《概率的逻辑基础》，第 571 页及以下。"当他（工程师）说这个法则十分可靠的时候，他并不是说他愿意打赌说在应用这一法则的成千上万乃至无限的事例中没有一个反例。他只是说这座桥不会成为一个反例；或者是说他一生所要建的所有桥中都不会成为反例。"（同上书，第 572 页）

第四章 动词与时间①

第一节

　　动词具有时态，也就是说动词的用法与时间概念相关。这些关于时间概念的考虑不是仅仅局限于过去时、现在时、将来时这些明显的区别，对于动词的用法，时间概念还有另一种更微妙的作用：一个动词的用法还有可能告诉我们这个动词以何种特殊的方式默认和牵涉时间概念。

　　最近发表的一些文著可能是第一次比较系统地注意到这些较不易把捉的方面。人们注意到动词所表示的可以是过程、状态、性向、发生、任务、成就等等，并根据这些差别对动词作出区分。显然，光用时间因素不能说明这些区别，宾语存在与否、条件、所意向的事态等②其他因素也同样起作用，但我们会觉得时间的作用仍是最重要的，至少其重要性足以要求我们单独对之进行讨论。的确，下面我要表明，如果我们能把注意力首先集中于各种不同动词所默认

---

① 同名文章发表于《哲学评论》，第116期（1957），第143—60页，此处稍有修改。
② 直译：是否有宾语、条件、所意向的事态等。——译者

的时间图式，[1]就能够对相关领域里至今仍晦暗莫明的不少问题获得较为清晰的看法。这些时间图式将表明它们是那些动词-概念的重要组成部分，正是这些图式使得我们会像平常一贯所做的那样使用这些动词。

有几个时间图式用得非常广泛，我们一旦通过某些典型的范例发现这些图式，就可以把它们用作借以比较的模型来探求和澄清任何一个动词的用法。

说到这些图式，我并不是说这些图式就动词的时间方面的规定性来说囊括了各种动词的全部正确用法，也不是说如果有一个时间图式能够相当完备地说明某一动词的一种用法，这个动词就不会另有宜于借其他时间图式来描述的一些分支用法。其实，恰恰是那些需要两种或两种以上时间图式来解释的动词为概念分叉提供了最有意思的实例，这些实例说明，我们若不察觉这里出现的模棱两可之处，它就可能引起混淆。因此，我不是要给出怎样使用某些词项的规则，而只是要提示一种描述这些词项用法的路子。我将提供一些"参照物，它们将通过相似性以及不相似性来帮助我们领会我们的语言是怎样一种情形……这些参照物就像一把尺子，而不是现实必须与之相应的成见"。[2]

第二节

因此，我们的首要任务是确定英语动词用法中都暗含了哪些

---

[1] 我知道我必须解释在当前的上下文中我所谓时间图式的严格含义。到时候我会这样做的。

[2] 维特根斯坦：《哲学研究》，第130—131节。

最普通的时间图式并对它们进行描述。为此，我需要一些清晰的例子，这些例子，至少就其最主要的用法来说，能显示出这些时间图式的纯粹形式。在这一阶段，我会尽量避免模棱两可的词项，暂时忽略那些引申用法和边缘用法。

英语动词有些具有进行时态，有些不具有进行时态，我就从这一人所周知的区别开始。下面的问题：

你正干什么呢？

可以用

我正跑步呢（正写东西呢，正干活呢，等等）

来回答，但不能用

我正知道呢（或我正爱呢，我正认出来呢）

来回答。①

反过来呢，虽然下面这组问答是适宜的：

你知道……吗？
我知道。

---

① 有没有宾语在这里无关紧要。我正在推一辆小车是一个正确的句子，而我正在爱你仍然是毫无意义的话。

我们却不能这样套用同样的问答形式：

你跑吗？
我跑。①②

上述区别提示的是：跑、写等等是在时间里进行的一些过程，就是说，它们是由发生在时间里的一个接一个的连续片段组成的。的确，一个正在跑步的人在一个时刻抬起右腿，下一时刻放下右腿，然后抬起左腿，再放下左腿，如此进行下去。然而，虽然对某一主体来说，确实可以说他在某一时刻或某一段时间内知道某事，"知道"或诸如此类却不是发生在一段时间内的过程。有可能我现在懂得地理，但这并不是说在眼下这个时刻有一个懂得地理的过程正在进行，仿佛这个过程由发生在时间里的一一接续的一些片断组成。

我们先来看看具有进行时态的这组动词。这组动词很清楚地分为两类。如果一个人此刻正在跑步或正在推一辆小车，那么即便他在下一时刻停了下来，他跑了步或推了车这一点仍然为真。另一方面，即便一个人此刻正在画一个圆圈，或正在跑一英里，但只要他在下一时刻停了下来，他画了圆圈或跑了一英里这一点就可能不为真。③ 换言之，一个人如果在跑一英里的途中停了下来，他就不

---

① 除非是在跑的一个十分不同的含义上，我后面再讨论那种含义。
② 英语中"*Do you run?*"和"*I run.*"是一般时，即"你平常跑步吗？""我平常跑步。"汉语里"你跑吗？""我跑"也有这样的意思，但此外也可能指：你打算马上跑吗？我马上跑。——译者
③ S. 布鲁姆伯格为这一标准提供了清晰的表述，参见他的《解说的一种方式》，载于 R. J. 巴特勒主编的《分析哲学》，第二辑，第 72—105 页。我在本文的原初版本中

曾跑了一英里；一个人如果画一个圆圈时停了下来，他就不曾画了圆圈。但那个停下跑步的人的确跑了步，那个停下推小车的人的确推了小车。跑一英里或画一个圆圈必须完成，但说完成跑步或完成推小车就没有意义。于是我们看到跑步或推车没有设定终点，而跑一英里和画一个圆圈却有一个"顶点"，必须达到这个顶点，所说的行动才名副其实是相关动词所意指的行动。

因此，下面这个问句：

他推了多长时间的小车？

是个有意义的问句，而

他花了多长时间推小车？

听着就很古怪。反过来，

他花了多长时间画这个圆圈？

是个有意义的问句，而

他画了多长时间圆圈？

也为这一点提出了一个标准，但布鲁姆伯格正确地指出我的提法犯了一个错误（第74—75页）。

听着就有些古怪。当然，相应的答句只能是：

  他推了半个小时的小车

和

  画这个圆圈用掉他 20 秒钟。

或

  他花了 20 秒画这个圆圈。

反过来说就不行。推小车可以持续一段时间，但并不花一段确定的时间；而画一个圆圈也会持续一段时间，且需要花一段确定的时间来画成一个圆圈。

  于是出现了一个很有意思的后果：如果一个人已经跑了半个小时这一点为真，那么他在这半小时中的每分每秒都在跑这一点也一定为真。但即便一个人在 4 分钟里跑了一英里这一点为真，他在这 4 分钟里的任一时段跑了一英里也不可能为真，虽然在这 4 分钟之中的每一时段里他都在跑，或者说他都是在跑这一英里。同样，如果我在一个小时内写了封信，我就不能说我在这个小时的头一刻钟里写了这封信。因此，看来跑步这类活动在时间中以一种同质的方式进行，活动过程中的每一部分都与整体活动性质相同。跑一英里或写信这类活动就不同，这些活动也在时间中进行，但它们是朝向一个终点进行的,而在逻辑上必须有这个终点,它们才是它们实际所是的那些活动。这个顶点以某种方式反过来影响发生在前的过程,给了这一过程某种新的色彩。

这样,我们就总结出了两个重要类别的动词的时间图式。第一种是跑步、推车这类,让我们称之为"活动词项",第二种是跑一英里、画一个圆圈这类,我们称之为"目标词项"。[①] 其实,对这前两类动词的描述也说明了我所谓展示动词的"时间图式"是什么意思。

另一批动词没有进行时态,我们细看这些动词,也会发现其内部有种类上的区别。上面提到过,知道、认出这类动词所指的不是在一段时间中发生的过程,但它们作为某一主语的谓语时却可以在一个特定时间中为真或为假。现在我们可以更进一步指出,这些动词作为谓语,有一些(严格说来)只能应用于一个一个的单独时刻,而另一些则可以应用于或长或短的一个时段。到达山顶、赢得一场比赛、发现或认出某种东西,这些事情发生在一个特定的时刻。另一方面,我们可以在或长或短一个时段中知道或相信某件事情,爱一个人或控制一个人。与此相应的问答句式清楚地表明了这一点:

你是在哪一时刻到达山顶的? 正午。
你是在哪一时刻发现那架飞机的? 上午 10:53。

[①] 由于没有"纯粹单义"的术语,我只好用这两个名称(以及下面要提出的另两个名称)来应付。这些名称不止蕴涵时间结构,而且也蕴涵别的一些方面(例如成功与否)。不过,我们应记住我们现在只是从时间图式着眼,所以,我们会把弄得精疲力竭标为目标词项,把死去标为成就词项,而读者也不必为此迷惑不解。

然而，

> 你曾爱她爱了多久？三年。
> 你曾有多长时间相信观音送子？① 七岁以前。

这两类句子不能倒过来说。②

在进一步讨论之前，我们先把第一族动词（到达山顶这一族）叫作"成就词项"，把第二族（爱这一族）叫作"状态词项"③。我们可以说，成就在某个时刻发生，而状态则延续一段时间。

第三节

赖尔（追随亚里士多德）指出了一个有趣的特征，那就是："我只要可以说'我看见'，就立刻可以说'我看见了'"④⑤，这个特征加

---

① 原文为 How long did you believe in the stock？旧时，有一种哄孩子的说法，说婴儿是鹳鸟送来的，称 *a visit from the stork*。此处意译为观音送子。——译者

② 这个脚注谈英语 for 的用法，汉语没有相应介词，故略去不译。——译者

③ 本节讨论动词所指示的"时相"，我们分别译作 1. 活动词项，2. 目标词项，3. 成就词项，4. 状态词项。前面两个过程词项，后面两个合为非过程词项。也有人分别译作活动、结束、成就、状态。参见邹崇礼，《自然语言逻辑研究》，北京大学出版社，2000年，第 369—370 页。——译者

④ 汉语不说我看见，只说我看见了。但可以有如下说法：你看见吗？疑是"吗"把"了"吞了，因为回答仍说：我看见了。我看见大汽车，相当于我看见的是大汽车（而不是小汽车），不同于我看见了大汽车。不能说我正看见，或正看见一个人走过来，除非是指正好看见他走过来。——译者

⑤ 《两难困境》，第 102 页。他引用的是亚里士多德的《形而上学》1048^b。我们后面会看到这个特殊的例句有一点误导。

强了我们关于成就动词的结论。事实上这一点还能说得更强些：纯粹的成就词项的现在时几乎只用于历史现在时或用来表示最近的未来：

> 现在他发现宝物（或现在他赢得比赛的胜利等等）。

不是用来报道当下的发现或胜利的，而字面上似乎矛盾的[①]

> 现在他发现了宝物。[②]

或

> 这一时刻他赢得了比赛的胜利。

却能起到这个作用。

我们经常会说：

> 他花了三个小时到达顶峰。
> 他在五分钟内找到了那个东西。

---

① 下文 Now he has found it, *now* 表示现在、当下，*has found* 则表示已经完成，所以说 *seemingly paradoxical*。——译者

② 汉语表示动词时间的系统和英语很不一样，汉语几乎只能说"现在他发现了宝物"而不能说"现在他发现宝物"，1. 汉语没有历史现在时，2. 也不用这种方法表示最近的未来。但这一点正是万德勒所要演绎的一个佐证。——译者

诸如此类的话可能会诱使初学者混淆成就动词(属于第二类)和目标动词(属于第一类)。不过,只要稍加思考就可以发现这一错误。我说我花了一个小时写信(这是目标性的),我的意思是我在那一个小时里始终在写。成就动词就不是这样。有人说他花了三个小时到达顶峰,他的意思不是他在那几个小时里始终在到达。[①] 很明显,他是花了三个小时爬山,然后到达顶峰。换一种说法:如果我花一个小时写了一封信,那么在这个小时中的任何一个时刻我都可以说:

  我正在写信。

但如果是说花了三个小时到达顶峰,我就不可以在那期间的任何时刻说:

  我正在到达顶峰。

  至于状态动词,它们没有进行时态,如我正在知道,我正在爱,等等,这一点就足以把它们与活动动词以及目标动词区别开来。……持续了多久?在某一段时间内……这些说法可以用来确定状态动词的时间图式,而这些说法也应足以使它们不会与成就动词混淆。

---

  ① 有人会想到相左的例子:那个营用了二十分钟越过边境;他们正在越过边境。这种边缘性的例子我在这一段有意略过不表。

但我觉得还是可以离开主题一步提一下状态动词的一个令人惊奇的特征，虽然这个特征并不与时间因素直接相关。

我说如果我的腿没绑着我就能跑，并不意味着如果我的腿没绑着我就将^①跑。另一方面，

<blockquote>如果他读过康德他就能知道答案</blockquote>

这句话中的能的意思却正是如果他读过康德他就将知道答案。同样，在一个很明显的意义上，说"如果她不自私我就能喜欢上她"就等于说"如果她不自私我就将喜欢上她"。

<blockquote>即使我能喜欢上她我也将不喜欢上她</blockquote>

这句话让人觉得有点奇怪。因此，看起来，在与状态动词相关的条件句中，能通常可以与将互换。同理能这种类型的陈述句中可能变得冗余。所以，我能知道、我能爱、我能喜欢这些话会有一种不经意的感觉。这同样也能解释为什么我们在极多场合说我能相信而不说我相信。听到你看见那只兔子了吗？这个问题，既可以回答是的，我能看见，也可以回答是的，我看见了。我在后面会结合一个具体的例子再次讲到这一点，并尽量讲得更加确切，眼下则只须提到，能跑绝不等于跑，能写信绝不等于写信，但看起来在某种意义

---

① would 此处译为"将"，译成"会"更自然，但汉语的"会"可说有两层意思，一是"将能"，二是"将会发生"，在这里为了强调区别，译作"将"或"将会"。——译者

上，能知道就是知道，能爱就是爱，能看见就是看见。

　　有人可能会指出有一些成就动词同样具有这一特征。的确，在某种意义上，能认出就是认出，能发现飞机就是发现飞机。另一方面，能开始奔跑或能停止奔跑绝不等于开始奔跑或停止奔跑，尽管开始奔跑或停止奔跑根据它们的时间图式很明显是成就动词。因此在这里只考虑时间因素是不充分的，我们必须找出另一个标准。如果我们考虑到一个人可以故意地或小心地开始奔跑或停止奔跑，一个人可以因为开始了奔跑或停止了奔跑受到指责或承担责任，但却不会有人因为发现了或认出了某些东西而遭受指责等等，那么我们就明白，只有当成就动词所涉的行为无所谓自愿与否，上面提到的关于能的奇特用法才适用于成就动词。

　　我们沿着这条线索回过头来看状态动词，就发现一个人的确不能故意地或小心地知道、相信或爱，也没有人会因为这样"做了"①而受到指责或承担责任。从这段题外话我们可以得到如下结论：状态动词和一部分成就动词根本不意指行为和行动。②

　　作为对这一节的说明，我现在加上四个例句，它们从另一个角度表明了我们的时间图式。

　　对活动动词来说：在时间 t，A 在跑步意味着 A 在整个一段时间里在跑步，t 是一段时间里的一个时刻，A 在这个时刻在跑步。

　　对目标动词来说：在时间 t，A 在画一个圆圈意味着 t 在 A 画那个圆圈的那个时段之内。

---

　　① 这些根本不是我们"做了"的或"实行了"的。
　　② 在这里讨论能的时候，以及将故意、小心作为衡量真正的行为、行动的标准的时候，我引用了记忆中的（并不十分可靠）J. L. 奥斯汀 1955 年在哈佛的演讲。

对成就动词来说：在 t_1 和 t_2 之间 A 赢得一场比赛的胜利意味着 A 赢得比赛的那个时刻在 t_1 和 t_2 之间。

对状态动词来说：从 t_1 到 t_2 期间 A 爱某个人意味着 t_1 到 t_2 之间的任何一个时刻 A 都爱着那个人。

这表明，活动概念要求一个时间段，但这个时间段不是独特或确定的。另一方面，目标动词则暗含独特而确定的时间段观念。与此类似，成就动词涉及独特的、确定的时刻，状态动词也涉及时刻，但这时刻不是唯一的、确定的。

这个区分看起来相当完备。所有动词似乎都能根据这四种图式来分析，而这一点也许不止是个假设。

第四节

我们已经制成并打磨了我们的概念工具，在下面的几节中，我将尝试表明它们在实践中是如何使用的。当然，宣称这里的研究相当全面是愚蠢的，我能做的只是就为数不多的几个动词或曰几组动词做一些评论，我想，只要读者自己愿意，他就能够对他自己感兴趣的其他动词做相似的研究。

很大数量的动词可以完全归入其中一个类别，至少就这些动词的主导用法来说是这样。[①] 稍事思考就会明白，跑步，走路，游泳，推或拉什么东西，等等等等，一清二楚都是活动动词。绘一幅画，制作一把椅子，建一座房子，写或读一部小说，送一张传票，讲一

[①] 为了使行文简洁，我下面这几节不处处都严格区分词的"使用"和"提及"。

节课或听一节课，下一盘象棋，等等，此外还有长大，从病中恢复，准备好做什么事情，等等，很清楚都属于目标动词。认出，意识到，发现，确认，丢失或找到一件物品，爬到山顶，赢得一场比赛，越过边界，起动、终止、恢复某事，出生甚至死去，都完全落在成就动词的范围里。拥有，具备，欲望，要某种东西，喜欢，不喜欢，爱或恨一个人，统治，当然还有知道和相信，都显然是一些状态动词。

谈到最后这一组动词，有一个看法会自然浮现出来。从时间图式的角度看，已婚，在场或不在场，健康或生病，等等，其作用方式也和状态动词一样。然而，我们可以更进一步，认识到所有属性都是一种状态。的确，一样东西在某一段时间里是硬的、热的或黄的，但是，"是黄的"并不意味着正有一个发黄的过程发生着。同样，虽然硬化是一个过程（活动或目标），"是硬的"却是一种状态。现在我们也许可以明白，为什么欲望、知道、爱等——传统哲学所谓的内部活动——可以被视作、也的确曾被视作属性。

习惯（在更广的意义上包括职业、性向、能力等等）在我们这里的意义上也算是状态。试比较以下两个问句：你是在抽烟吗？和你抽烟吗？[①] 第一句问的是活动，第二句问的是状态。这个区别说明了为什么一名棋手在任何时候都可以说他下棋，为什么一名通用电气公司的工人在海滩上晒太阳时也可以说他在这家公司工作。

在这个意义上，不仅仅活动能"构成习惯"。写家是写书或写文章的人，而写一本书是一个目标词项；捕狗人的工作是捕狗，而

---

① "你抽烟吗？"这个汉语句子可以是在泛问你是不是一个抽烟的人，但更经常用来问：你要不要抽支烟？——译者

捕一条狗是一个成就词项。

但现在有一个奇特之处：说到出租车司机，我们总可以说他们是开出租车的人，同时呢，他们有些时候也的确实际上开着一辆出租车，然而，说到一个国家的统治者，虽然我们总可以说他们是统治一个国家的人，他们却没有哪个时间实际上在统治国家，这就是说，有一种开着出租车的具体活动，却没有哪种与之相当的统治国家的具体活动。一个出租车司机也许会说他一上午都在开他的出租车，而柬埔寨国王恐怕不能说他一上午都在统治柬埔寨。原因是明显的：开出租车、抽烟、画画、写作，都各自是些一式的事情，而一个统治者所需完成的"统治活动"性质却多种多样五花八门①。他只有在对议院讲话时或检阅部队时才是在统治国家，抑或他在国宴上吃龙虾时也在统治国家？我们觉得他的某些活动比另一些活动更切合于他作为国家统治者的身份，但我们同样觉得，这些活动中没有任何一样可以特别挑出来叫作"统治"的。当然，一个画家也从事各种跟他的职业多多少少有关的活动（例如观看日落、买画布），但是，有一种活动，即事实上落笔画画，那才是画家的那份独特的活动。

我将沿用赖尔的术语②，把抽烟的人、画家、捕狗人这类人的状态称为专属状态，而把统治者、佣人、教育家这类人的状态称为通类状态。摆小摊儿的也属这类人，他不仅并不刚好正在摆他的摊子而且也不一般地摆摊子，事有凑巧，根本就不存在"摆摊儿"这个动词。

---

① 赖尔曾在《心的概念》中指出这一点，见该书第44页和第118页。
② 同上书，第118页。

状态是一个令人迷惑的范畴，在这个范畴里，动词的角色融化在谓词的角色里，行为蜕变为性质和关系。关于这个令人迷惑的范畴，以上这些看来是非得先说一说不可的。

第五节

我们已经看到，抽烟、绘画等词的活动意义和状态意义之间的区别是具有普遍性的，并非只适用于抽烟和绘画两个概念。许多活动动词（以及一些目标动词和成就动词）具有某种"派生的"状态意义。然而，许多动词自身具有概念上的多义性。对其中很多动词来说，很难确定它们"最初"属于哪个范畴。我所想到的这些动词一方面包括哲学上极恼人的那些词，如：想、知道、理解，另一方面包括看见、听见以及它们的近亲。① 近些年出版的许多优秀文著正确地指出，在围绕这族语词所产生的认识论问题的表述中就已经深深编入了一些范畴错误，如果我们意识到这些错误，那些这一类所谓认识论问题就不那么难以克服了。我们若拒绝用错误的英语说话，甚至会很难把这类问题表述出来。

我斗胆断言，我们这些基于时间图式的范畴不仅会支持这些新近的发现，而且还可以用来显露并消除这些新近探索工作中出现的某些错误和过分简单化的做法，由于这些错误和简单化，人们结果有时会怀疑整个探索方法。让我们从 *thinking*② 说起。我们显然在

---

① 我们将看到。虽然"知道"是一个相当典型的状态词．但在这里还须对它另加考虑。

② 下文将译作想、认为、思想。——译者

两种基本意义上使用这个词。在下面两个句子中，*thinking* 一词的功能是不同的：

> 他在想琼斯
> 他认为琼斯是个恶棍。

在第一句中，*thinking* 是一个过程，在第二句中则是一种状态，第一句可用来描述某人在做什么，但第二句不行。即使这个人正在熟睡，我们也可以说：

> 他认为琼斯是个恶棍。

但这时我们不能说：

> 他在想琼斯。

这个事实使上述结论变得更加明显。这说明，想某人某物是在时间中行进的过程，是我们可以故意地或小心地施行的活动。但认为如何如何则绝非如此。如果他想了琼斯半个小时这话为真，那么在这段时间的每一部分里他都在想琼斯这话也一定为真，但即使说他在整整一年时间里一直认为琼斯是个恶棍，这也不必然意味在这段时间的任何一分钟里他曾想到过琼斯这个恶棍。

最后这个例子说明，认为和想之间的关系不同于抽烟的习惯意义与活动意义之间的关系。认为更近似统治，它是建立在各种不同活动之上的。在此不妨想想一位认为天要下雨的农夫的所作所为。我们可以说,认为是一个通类状态,另一方面,身为一个"思想者"的状态是一个专属状态:他是一个经常去思考那些庞大问题的人。①

不难看到,相信也是一个通类状态,实际上,他相信在多数情况下可以换成他认为。充满信心的含义虽然有所不同,但仍属于这一范畴;人即使在睡眠中也可以对正义事业充满信心。

知道在其各种主要用法中明显是指状态(知道什么、知道如何、知道某物或某人)。不仅如此,既然没有我正在知道这样的用法,知道看来是一种通类状态。例如,我知道哈佛在剑桥。这一点体现在我的一系列行为中,包括寄信、搭车等等。但这些行为中的任何一项单独说来都不能说是知道。但然后我突然知道了和现在我知道了②这样的句子可能会让我们产生疑问,因为它们听起来像是成就动词。知道这个词中的顿悟一义的确或多或少合于这个范畴。但若以为知道的这种意义与知道的状态意义的关系等同于捕狗行动和捕狗人这一专属状态的关系,那就错了。稍加思考就会发现,两者之间的关系更类似于结婚(到达)和已婚(通类状态)的关系。有一个很好的例子可以表明这一点。设想一个人在解一道数学题,突然喊出"现在我知道了"。十分钟后他将解法告诉了我。显然,他依然知道解法,这意味着他无需灵感闪现式的理解就可以告诉我解法。实际上,只要他在状态意义上知道解答,逻辑上他就不能在成就意义上知道解答。现在我知道了表明他以前不知道。

---

① 我还拿不准想到某人某物。它的用法不够稳定。但我觉得它极为经常具有一种成就意义:我每看到那幅画就想到你。

② 汉语里更常见的说法是"我突然明白了"和"现在我明白了"。——译者

在此，人们可能要说，"知道"意味着起动知道。这是一种危险的诱惑，它让我们认为，正如起跑是跑这种活动的开始一样，"起动知道"是知道这种活动的开始。然而，起动（或终止）知道是个没意义的短语，而这一事实理所当然地表明，顿悟意义上的"知道"并非一个活动的开始而是一个状态的开始。总的来说，引起活动的成就动词和引起状态的成就动词之间有重要的区别。

同样的区别适用于理解，只不过理解的成就意义可能比知道的成就意义更为常见。我们刚刚提到理解的"闪现"，但理解的这类闪现仍旧是开启"领会"这一通类状态的成就动词。

第六节

我们现在进一步从动词的时间结构着眼来分析看见这个概念。这是件棘手的工作，我们一定要牢记上文提到的那些细微差异。在《心的概念》[①]以及在《两难困境》[②]中，赖尔相当一贯地主张："看见"既不是过程也不是状态，而是一种成就或成功，在许多方面类似于"赢得了比赛的胜利"或"找到了某物"。更近些时候，F. N. 希伯雷指出：看见这个词的许多重要用法与成就词项相差甚远，而他恰恰是从时间结构着眼提出这一论点的。[③]他的结论是：既然看见不

---

① 第 V 章。

② 见第 VII 章。

③ 《寻找、细察、看见》，载于《心灵》，第 114 期（1955），第 455—478 页。在 472 页上他几乎不得不这样说道："一个人必须在全部的那段时间里一直看见所看之物。"

是一种成就，至少不总是一种成就，那么，它可能说来说去还是一种活动。

　　按照我们的区分，看见毫无疑问可以是一种成就。因为我们可以说：在那时，我看见了他，或者如本章第三节中提到的，只要我们能说我看见就能说我看见了。这些用法表明看见是一种成就。这时，看见的意义相当于看出，（这有点像知道的顿悟意义，或更像理解的顿悟意义，）我将把这种意义上的看见称为看见$_a$。

　　可我认为看见$_a$不是看见的唯一意义。下述句子提示看见具有其他意义：

　　　　你在多长时间里看见了那个杀人犯？
　　　　哦，我个子高。他在法庭里的时候，我一直看见他。我一直在观察他。

下面的句子也一样：

　　　　你还看见那架飞机吗？

更进一步，下面的例句：

　　　　正过马路时我看出了他。
　　　　正跑步时我看出了他。

只能在如下意义上理解：

他（或我）正过马路时，我看出了他。
他（或我）正跑步时，我看出了他。

另一方面：

我看见他正在过马路。
我看见他正在跑步。

则也可以作另一种理解：

我看见他过马路。
我看见他跑步。

看出却没有这种用法：

＊我看出他过马路。
＊我看出他跑步。

我们的时间图式可以解释这种差异：看出是一个成就词项，它意味着个别的、不可分的时间点。然而，跑步或过马路是在时间中进行的过程（穿过马路也占用时间），所以不能被分解为不可分的时间点：跑步或过马路这些概念本身已提示着时间延展。因此说看出某人跑步或过马路有着逻辑上的困难。在一个人正在跑步的时间里或一个人正在街上的时间里，他可以看出某个人。但是这里的

在……时间里提示着状态,而状态是可以分解为时间点的。所以,很清楚,

  他正在跑步(或过马路)时,我看见了他

一句中的看见也许意指的只是看见 $_a$,但是

  我看见他跑步(过马路)

中的看见一定默认了一个时间段:一个过程或一种状态。

  但是看见不可能是一个过程。对于你正在干什么?这个问题,恰当的回答绝不能是:我正在看见……因此,尽管事实上某个人可以在一段时间里看见某物,但这并不意味着他有任何一段时间"正在看着"那样东西,然而,他的确在那段时间里的任何时刻都看见它。而且,我们也不能用故意地或小心地来形容看见,无论形容得对还是错,同样,我们尽管可能因为一个人"去看了"或"去观察了"而追究他的责任,但不可能因为他"看见了"而追究他。因此,看见根本不是"所作的"或"所施行的"的行动。最后,颇为奇怪,我看见和我能看见竟具有相同含义,甚至我当时一直看见和我当时一直能看见也具有相同含义,这些事实也为我们的结论提了佐证:看见不是过程而是状态或成就,因为没有谁会把"能看见"视作一个过程。

第七节

不过，到这里出现了一个严重的困难。在做过眼睛手术之后，医生可能说，现在病人能看见东西了，医生说这句话并不意味着病人透过绷带看见了什么，这种情况正像医生可能说，做过矫形手术的病人能走路了，但这并不表示病人实际上正在行走。所以，可能有人提出这样的异议：就像能够行走的身体状况与正在行走不是一回事，能够看见的身体状况与看见也不是一回事。但是，无论说到行走还是说到看，能够和实际活动之间的关联是一样的——能够行走的状态对行走这种活动是必要的，同样，能够看见的状态对看见这种活动也是必要的。再者，我们前面曾表明，即使一个人在熟睡，我们也能说他懂得地理，或者说他认为琼斯是一个恶棍，或者说他爱露西，但是，在看见的任何通常意义上，没有人能说一个熟睡的人看见了某物。但可以说他能看见，意思是他不瞎。因此，"能够看见"就像"知道"一样是一种状态，但"看见"本身不是一种状态。

这种推理混淆了能的两种意义。有些人能一口气喝一加仑葡萄酒。假定有一个这样的人一分钟前刚刚做出了这个壮举，他现在恐怕就很难再来一遍。那么，我们这时该说他能一口气喝一加仑葡萄酒呢还是说他不能？他能，也不能。让我们把第一个能（即他能中的能）表示为能$_2$，把第二个能（即他不能中的能）表示为能$_1$。当然，他能$_2$的意思是：如果他的肚子是空的他就能$_1$。而他的肚子空的时候，他既能$_2$，也能$_1$。因此，能$_2$涉及的是有条件的能$_1$：能$_2$是说如果满足了某些条件他就能$_1$。而能$_1$则不再涉及任何更进一步的能：他实际上能。但是即便能₁喝一加仑葡萄酒也不意味着他通常真的一口气喝一加仑酒或他正在做着这样的壮举。

病人的眼睛仍然蒙着绷带的时候医生说他能看见，这句话里的能是能₂。假使拆去病人的绷带，假使病人的眼睛睁着（屋子里的光线等其他条件都不变），那么，他就能₁看见屋子里的东西：这就是说，他将看见屋子里的一些东西。于是，看见与能₁看见两者之间就出现了上述的等价关系，这个能₁是最低一层上的能，它不再以任何更进一步的能为条件。但是，这种等价关系不适用于活动词项。另一个病人能行走，尽管他的腿还绑在床上。假使松解开了，他就能₁走，可也许他并不是正在走着。①

但是，我的论敌也许会继续提出异议："你显然忽略了一个明显的区别。行走是一种有意的活动，而看见是一种自发的活动。只要你不瞎，只要有一点光线，只要你睁开你的眼睛，那你就不可避免会看见些什么，作为本能活动的看见就起动了。你承认消化是一种过程，但是，你所说的等价关系也体现在那里，因为它也是一种自发的活动。当我说'我能消化猪肉'时，我的意思是假如我吃了猪肉我就能消化它，就是说，我就在进行消化。如果我没吃猪肉，我就不可能消化猪肉。所以，在某种意义上，能消化猪肉和正在消化猪肉是一回事。"

这个反对意见很刁。确实，没有人能正在跑，除非他正在跑，就像没有任何东西能是一只猫，除非它是只猫。但是，这里的能是

---

① 现在这一点变得很清楚，如果他读过康德他就能₁知道答案意味如果那样他就将知道答案，但是，如果他读过康德他就能₂知道答案则不意味如果那样他就将知道答案。

逻辑上的情态词①，就像

  所有猫都必定是猫

里的必定一样。在这个意义上，能正在消化与正在消化是一回事。但我们这里的能，如果你不反对的话，是一种物理上的情态。如果你指着一块猪肉说：

  现在我不能消化它，但吃了它以后，我将能消化它一段时间，直到我把它消化完了为止。这以后，我就不能再消化它了。

这是蠢话。但是，如果你说：

  现在我不能看见月亮，但是云散以后，我将能看见它。

这话却一点不笨。

第八节

  因此，我们可以放心地得出结论：看见也有一种状态意义。既然看见不是一个过程，却可以是一种到达（即"看出"意义上的看见 $_a$），于是发生了一个问题：看见 $_a$ 与看见的关系是像捕狗这一成就词项

---

① 逻辑情态的能无法还原为能 $_1$ 和能 $_2$。——译者

与捕狗者这一状态词项的关系,还是像作为成就的知道_a与作为状态的知道的关系。显然是后者:

那一刻我看见了他(看出了他)

意指那一刻之前我没有看见他。因此,看见_a是一个成就词项,启动了看见的通类状态。

我们会回想起,统治或知道这些概念实际上包含着许多活动、目标及成就。因此我们还要问:哪些活动、目标及成就以相同的方式与看见这一概念相连?假如我不知道哈佛是在剑桥,许多事情我就不能按我实际所作的那样来作了。与此相似,如果我不看见我的手,我就不能注视它、审视它、观察它或细看它;我就不能瞪着它、留心它、凝视它或用眼光跟随它;我就看不见它是脏的,就不会注意到或轻而易举地发现、识别或描述它的颜色或它现在看起来是什么样子;再者,我也不能(在某种意义上)看着它,把它看作一件工具或看作一头有五只角的动物,等等。

当然,当我们看见一个物体时,无须乎同时进行上述每一项活动,也无须乎一个接一个进行一遍。我写作时始终看见钢笔,否则我就不能像我实际写字时那样写。然而,我并不去注视、观察或细看它;我或许一点也没有看它,我甚至可能没注意它的颜色。同样,当我在房间里来回踱步冥思苦想之时,我并没有注意我周围的家具,然而我在大部分时间里都看见它们。否则我会不时碰到桌子椅子。想一下我们是如何看见自己的鼻子或眼镜框的吧。

人们声称看见颇为神秘,可是请注意,我所列举的活动中没有哪一种在所声称的意义上是神秘的。任何一本好词典都会告诉我们观看、细看等等的意思是什么，甚至不必提及看见一词。[①] 然而，如果不了解作为状态词项的看见究竟是哪种"状态"，也就是说，如果没有给出我上面尝试给出的那一类说明，那就无法不用某种神秘方式来给出看见的含义。同样，知道的含义也一直神秘兮兮的，直到我们有了《心的概念》一书给出的那一类说明。或者，就此而言，如果我们不知道操持家务的人一般都会做些什么（绝不深奥的）事情，操持家务就会一直是深奥莫测的活动。

第九节

在结束这一讨论之前，我将提到看见的两个边缘意义。如果有人告诉我们他昨晚看了《卡门》，他的意思是说他看完了四幕《卡门》。此外，他还可以说他花了三个小时看《卡门》。或许有人甚至会用我正在电视上看[②]《卡门》来回答你正在干什么？这一问题。因此，看见有一种满奇怪的目标意义。看见还有另一种过度引申的用法。"天眼通"见人所不见，而且他还真的时不时看见鬼魂或妖精。这类引申的或勉强的用法不应该困扰我们。如果有人要依据这类用法来说明看见的主要用法，那会是一个相当严重的错误。

因此，看见并不是一整个大谜团，虽然说到观察、观看等细部仍有少许未解之处。例如，有人可能会指出，当这些词项意指活动

---

① 例如，《简明牛津词典》（第四版）定义 *watching* 这个词（相关意义）：眼睛固定在其上，留心观察，注意。定义 *scrutinizing* 这个词：仔细看，详细检查。

② 这一句中的"看"原文用的是 *seeing*，但汉语不能说"看见"。——译者

时，它们具有一种目标意义。这一点的确如此，并且对观察比对观看更明显：需要花一段时间才能观察金星越过太阳或观看一只背着死苍蝇的蚂蚁爬回家。看见和听见这两个概念之间与观看和听这两个概念之间有着明显的平行关系，此类情形尚有不少。因此，我们可以继续进行这种探索，但倘若没有具体的疑问，这种探索就会变得乏味而且无益。

总之，我想可以不夸张地说，我们的范畴图式不但能够验证从前已经确立了的关于过程词项与非过程词项之间的差别，而且还可能有助于我们澄清在非过程词项内部时常被忽略的却始终令人困惑的差别。若不了解这些差别，人们就会以为，既然看见并不总是一个成就词项，它说来说去就还是一种活动。我们现在就不必再担心诸如此类的错误，以及一旦陷入这些错误就又会召回了认识论的所有幽灵。"当我们感觉时发生了什么？是什么使得它发生？这就是感觉问题。"[1]一个水手站在甲板上看着前方说道："一片漆黑，我什么也看不见。"过了一会儿，他说："现在我看见一颗星星。"我们问他："发生了什么？""云散了。""可此外还发生了什么？""此外什么都没发生。"当然，在世界上和水手的心里发生了许多事情。但他的"看见"却不是所发生之事中的一件。[2]

---

[1] 鲍林，朗费尔德和沃尔德：《心理学基础》，第216页。
[2] 以色列·谢尔费勒教授曾对本章的初稿提出有益的意见，在此我愿特致谢忱。

第五章　事实与事件

第一节

我们在 J. L. 奥斯汀的《对事实不公》一文中读到下面的几行：

> 我们通常认为现象、事件、处境、事态是真实地存在于世界之中的，即使斯特劳森自己也承认事件是如此。而所有这些我们都可以说它们是事实。德国人的崩溃是一个事件，也是一个事实——曾是事件，也曾是事实。尽管如此，斯特劳森却似乎认为，无论什么，只要我们能够说"这是一个事实"，那它自然而然就不是某种存在在世界之中的东西。[①]

我认为奥斯汀在这里犯了一个错误，这个错误的性质很严重，我的意思是说，这个错误一旦得到纠正，整个一族关键概念就会得到更好的理解。我们从奥斯汀与斯特劳森的争论看得很清楚，与这个家族紧密相连的是真理概念以及语言与事实的关系这些至关重要的问题。他们的这个争论还表明了这个课题是极其困难的：否则

[①] J. L. 奥斯汀的《对事实不公》，载于《哲学论文》，第104页。

奥斯汀和斯特劳森不会在一些明显的问题上经过了那么多"对评论的评论、对批评的批评"[①]还在继续争执。我认为，我们在这里可以应用语言学理论研究的一些最新成果，借此在相当程度上澄清这些争执不下的问题，而在他们两位发生争论的时候还没有这些成果可资利用。我们利用这些语言学工具，不难发现奥斯汀所犯的错误与下面的错误颇为相似："约翰的演讲发生在昨天；约翰的演讲前后矛盾；所以，有件前后矛盾的事情发生在昨天。"再举一个更为贴近的例子："约翰的死很痛苦[②]；玛丽否认约翰之死；所以，玛丽否认某件很痛苦的事情。"的确，德国人的崩溃是一个以往的事件，德国人的崩溃是一个事实。但是不能由此得出这样的结论：有些事件是事实，有些事实是事件。也不能得出这样的结论：事实与事件必须共同存在在这个世界之中，或必须共同存在在这个世界之外。只说一点：我们这些经历过德国人崩溃的人经历过一个事件，但是显然不曾经历过一个事实。我不是想表示奥斯汀没有意识到这个区别，我所引证的那篇文章恰恰展示出他的敏锐的语感。他所欠缺的是一个理论框架，使得相关材料能在其中配合以形成一个具有鲜明区别的模式。而我想提出的正是这样一个理论框架。我们来看看下面两组句子：

德国人的崩溃是一个以往的事件
德国人的崩溃是一个事实

---

① J. L. 奥斯汀的《对事实不公》，载于《哲学论文》，第 102 页。
② 我们平常说"约翰死得很痛苦"而不说"约翰的死很痛苦"，这一译法是为了保持与 *John's death* 在格式上的一致。——译者

以及

> 约翰的演讲发生在昨天
> 约翰的演讲是前后矛盾的。

每组两个句子的主语语形相同,而奥斯汀的错误就是由此发生的。在这里,相同的语形下隐藏着重要的区别,这在第二组例句中明显可见,而且我希望我将使第一组例句中的区别也变得明显可见。然而,靠传统的语法工具是无法确定这些区别的,它对每一组句子里的相应短语会作出同样的描述。当然,我们可以通过改写表明两者有别,比如:约翰发表演讲是在昨天,但是演讲的内容是前后矛盾的。然而麻烦在于,我们通常只能根据语言直觉对一个一个特定的句子进行这类改写,何况,碰到极繁难的例句,语言直觉要么无能为力,要么误入歧途。于是就产生了这样的问题:是否有可能为各种暧昧不清的语法结构找到成套的整齐划一的标准改写方式,从而使依靠直觉的改写程序变得具有系统性?实际上,转换语法不仅满足了这一要求,而且在技术上和广度上都超出了这一要求。

第二节

我们要是像奥斯汀和斯特劳森那样提出问题:什么是事实、事件、处境、事态,等等着手寻找答案的合情合理的办法是先在一张单子上列出一些可以用来指称事实、事件之类的具体语词来。这一系列语词呈现出有趣的规律性。几乎所有语词都是包含一个动词派生词的名词短语,这些动词派生词有的带其主语、宾语和其他补足成分,有的不带。用专业术语来说,我们得到的是一系列名词化语句。奥斯汀所举的例子,德国人的崩溃和猫之已生癣,属于此列。我前面加上的两个例子,约翰的演讲和约翰的死,也属此列。我下面给出一短列包含名词化形式的句子,用以表明这种语法结构能够采取多少形形色色的形式,能够以多少不同方式出现:

> 我知道约翰死了。
> 他的死令我吃惊。
> 陪审团的选举进行了一下午。
> 我否认曾见过她。
> 他如何作成此事是个谜。
> 约翰之能够下地走路是一次手术的结果。
> 付出优于获得。
> 我喜欢约翰的烹调。

这些为数不多的例子首先就足以表明:在各种类型的话语中这样的语法结构都出现得很频繁。因此,名词化的语法是语言学理论的一个核心部分。我们不难看到这种语法结构频繁出现的原因:名词化的手法把一个句子转换为一个名词短语,于是就可以插入另一个句子之中;我们用这种方法把一个句子打包,把它变成一个可以装进其他句子中去的包裹。从这种角度来看,名词化的语句(例句中的斜体部分)与接纳语句或"容器语句"的区别就变得一目了然了。①

---

① 关于名词化的详细讨论,参见 R. B. 利斯的《英语名词化语法》;万德勒的《形容词和名词化》。

第三节

我们这样看待名词化，就会自然而然地接着提出下一个问题：都有哪些方式能把一个句子转换为一个名词短语？把一个名词化语句插入接纳句中有没有限制条件？如果有，是哪些限制条件？我们会发现转换方式和限制条件并非不相关联；容器语句是一些有选择性的房东：它们也许只接纳按照某种特定方式名词化的语句，同一个句子如果换一种名词化的方式，就有可能被拒之门外。即使只考察一下与我们眼下的研究相关的几种形式，我们也不难找到一些例证。让我们来看看容器语句

……令我吃惊。

名词化的哪些形式可以充当这个容器语句的主语？可供选择的形式很多：

约翰的死令我吃惊。
他死了令我吃惊。
他之已死令我吃惊。

另一些容器语句就会挑剔得多，试看

……发生在中午。

这个结构可以接纳约翰的死：

> 约翰的死发生在中午。

但它不接纳其他两个：

> * 他死了发生在中午。
> * 他之已死发生在中午。

我们再举两个形容词类的容器语句：

> （1）……是不太可能的。
> （2）……是很马虎的。

然后从句子

> 约翰玩扑克。

发展出两个不同的名词化形式：

> （3）约翰去玩扑克。
> （4）约翰的扑克玩得。①

---

① 这两句不是原文的直译，只是要表示见容于不同容器的情况。——译者

显然,(3)与(1)相合,(4)与(2)相合,没有任何毛病:

> 约翰去玩扑克是不太可能的。
> 约翰的扑克玩得是很马虎的。

(2)肯定排斥(3)

> * 约翰去玩扑克是很马虎的。

即使(1)也只能勉强接纳(4):

> ? 约翰的扑克玩得是不太可能的。

再举一个例子。容器语句

> 我提到过……

比容器语句

> 我认为……

要来得宽容,前者可以接纳下面的两种形式:

> 我提到过约翰死了。

> 我提到过约翰的死。

而后者只能接纳第一种形式：

> 我认为约翰死了。
> *我认为约翰的死。

第四节

上一节的考虑决定了我在后面会采取什么样的策略。首先，我会回顾一下名词化语句（动名语①）所能采用的多种形式，并看一下能否在这些形式中找到某种排序原则。然后，我将研究都有哪些限制条件制约着某些种类的动名语，使之只与某些特定的容器语句相容。这一研究希望得到双重结果：容器语句都有哪些类型，与之相应的动名语又有哪些类型。容器语句所能具有的几种可能形式决定了上述第二项任务的几个战术步骤。大致上，一个容器语句以一个名词、或一个动词、或一个形容词与一个动名语搭配。例如，下面的每个例句都用一个名词与动名语搭配：

> 事实是约翰死了。

---

① *nominal* 相当于 *nominalized sentence* 的缩写，本书译作"动名语"，相当于"转化成名词性短语的动词性短语"，注意与"动名词"不是一回事。——译者

>他的死是一场事故的结果。
>德国人的崩溃是一个渐进的过程。

而下面的每个句子则把一个形容词归给一个动名语：

>约翰的死很痛苦。
>他死了是不太可能的。

用动词和动名语搭配主要有两种可能性：
一、动名语是动词的主语，如下列各句

>约翰的死令我吃惊。
>他的死发生在中午。
>玛丽的到来导致了那场骚乱。

二、动名语是动词的宾语，如下列各句

>我否认约翰的死。
>我听到他的歌唱。

到最后，我们的结论是否正确有赖于一个间接的测试：我们会看到，如果结果是某些名词、动词和形容词能适用于同一类型的动名语，那么它们互相之间也同样相适配。这个结果不仅将支持我们的分类法，同时也将有助于澄清事实、事件、过程、情境等概念，就它们的本体论地位为我们提供某种线索。

第五节

试图把动名语装配到容器语句中之前,我们应认真考察一下动名语本身。我提到过,动名语的相关成分中最基本的是动词派生词。它一般由动词词根和词缀 -ing 组成。此外,许多动词通过附加其他词缀形成了第二种名词化形式:比如 *death*(死亡)、*refusal*(拒绝)、*explanation*(解释)、*move*(运动,这个词的词缀为零)等等。甚至有些动词还颇为奢侈,拥有三到四个名词化形式:例如 *disposing*、*disposal*、*disposition*(处 置), 又 如 *moving*、*move*、*movement*、*motion*(运动)。不过还好,动词派生词的这些差别不会对我们的讨论产生什么实质性的影响。此外倒是另有一类名词化形式扮演着独立的角色,这就是熟知的名词从句——例如:他来了。①

---

① 我们很容易表明,即使在
　　We know that he arrived(我们知道他来了)
　　We know how he died(我们知道他是怎么死的)
这样的句子里:*that* 和 *how* 都从属于动词的宾语,即从属于他来了和他死,而不从属于前面的动词。把这两个句子变为被动式,我们就得到:
　　That he arrived is known by us.(他来了,我们知道。)
　　How he died is known by us.(他怎么死的,我们知道。)
而换一种句型,情形会大有不同。比方说:
　　We found out the solution.(我们找到了解决方案。)
在这个句子里,*out* 从属于 *found*;其被动形式为
　　The solution is found out by us.
而不是
　　**Out the solution is found by us*.

接下来，我们还应该考虑一下可能用以补足一个动名语的其他成分。首先，一个动词可以带时态、助动词、副词。显然，上述每一种都可以用在"他来了"这样的从句中。比如：他曾来过、他能来、他不期而来。在 -ing 形式中，也同样没有问题。比如：他之来过、他之能来、他之不期而来。其他的名词化形式则排斥这些用法：比如 *death*（死亡）和 *arrival*（到来）不能加时态和助动词，副词也只有在转换为形容词时才能加上。副词到形容词的转换形式可用下例说明：

> 他不期而来——他的不期之来
> 他痛苦她死了——他痛苦的死。

在名词化过程中，来源句①中的主语必须转化为所有格形式。因此我们说：约翰的到来、他的死。然而，及物动词的宾语也可能转换为所有格形式，如：罪犯的处决。从而也就有可能引起混淆，例如这些士兵的枪杀就有两种解释。如果句中既有主语又有宾语，这种含混就会消除，比如他对士兵的枪杀或囚犯对士兵的枪杀。我们可以对照一下 *the shooting of him*、*the shooting of his* 和 *his shooting*，第一种说法相当于枪杀他，他肯定是牺牲者，第二种相当于他枪杀，他肯定是开枪者，第三种相当于他的枪杀，在这里，两种情况都有可能。但这已经开始有点离题了。对我们更重要的事

---

① 来源句（*the source sentence*），是指该动名词由之变来的原句；即连在一起的是 *that he arrived* 而非 *know that*。——译者

实是：-ing 形式的名词化不需要借所有格来保留动词的宾语，我们会说，这时名词短语可以直接保留宾语：如他之唱马赛曲。注意，在任何情况下，只要动名语中的动词加上了时态、助动词和副词，就必须直接保留宾语。这当然就排除了下面这类句子结构：

*约翰对晚饭之迅速烹调
*约翰对晚饭之已经烹调
*约翰对晚饭之能够烹调

否定形式碰巧也显示有同样的限制，比如：

约翰之没有泄露秘密

是正确的；但

*约翰对秘密之没有泄露

却是错误的。

有一条有关何时省略主语名词的重要规则：如果动名语中直接保留了宾语，或者，动词加上了时态、助动词或副词，不充当主语的名词化形式就不能加冠词或前置形容词；反之，如果动词没有加时态、助动词和副词，或者宾语（如果有宾语的话）取的是所有格形式，不充当主语的名词化形式就可以加冠词或前置形容词。所以我们可以说 *singing the Marseillaise*（歌唱马赛曲）或者 *singing beautifully*（动听地歌唱），却不能说 **the singing the Marseillaise* 或 **the singing beautifully*，但 *the beautiful singing*（那动听的歌唱）的说法却又是可以接受的。

要把这里纷纭复杂的现象条分缕析并不需要什么过人的机智。可以看出一个显著的事实：时态、助动词、副词与冠词、名词前的形容词、宾语所有格的不兼容性。由于前一组词特别适用于动词，而后一组词特别适用于名词，所以我们可以十拿九稳地说，眼下讨论的名词短语可以划分为两类：前一类名词短语中，动词仍然在作为动词起作用；而在后一类中，动词完全失去了一个动词的功能，已经衍化为了一个名词。① 前一类名词短语尚停留于未定型的状态；用前面的比喻来说，就是把动词打包以便装进容器语句的工序尚未整个完成，动词在动名语中仍然踢腾着不肯安稳。而在后一类名词短语中，"打包"程序已经及于动词本身并把它转变为了一个名词。海利斯运用另外一个比喻，用"半驯化的"和"完全驯化的"来称呼这两类不同的名词化形式。而我更愿把动词仍在其中起作用的一类短语称为"不完全"动名语，而把动词在其中已经作为名词使用的另一类短语称为"完全"动名语。

---

① 汉语里有没有名词化或曰名物化，语言学家还在争论：运动、生活、比赛这些语词是兼类语词呢还是动名语？如果汉语也有动名语，那我们的下一个问题就是：汉语里的动名语是否能分成完全的和不完全的。据我个人的粗浅考察，汉语没有不完全的动名语，汉语没有对应于 *that John sings*、*John's singing well* 这些表达方式的结构。换言之，在汉语里，一个词要么用作名词，要么用作动词，没有间于两者之间的用法。〔苟若如此，谈论汉语的名物化或动名语其实就没什么意思了。〕正是这一点使这一章和下一章很多译句无法对应于英语句子的结构。——译者

第六节

现在该转向我们的主要任务了，即确定可以接受这些动名语的容器语句都有哪些类型。我在前面提到过，容器语句是具有选择性的：我们将看一看这种选择如何与不完全名词化和完全名词化之间的上述区分相对应，并找出这种选择的主要原则。不巧的是，这种选择性并不意味着相互排斥。假使我们能够根据上述区分把容器语句分成界线分明的两类，那我们的工作的确会变得相当容易。不过若是那样，大概也就不会出现我们需要费心来纠正的这些错误了。我们诚然可以设想，一个容器语句要么只适合于不完全动名语，要么只适合于完全动名语，但事实上我们发现情况并非如此；倒不妨说，我们所发现的是紧密的和宽松的容器语句，就是说，是在容纳性方面严格的或松散的上下文①。我的意思是这样的：有些是宽松的容器语句，它们能接受那些未经整齐包装的不完全动名语，但它们同时也相当宽容，能够接受经过整齐包装的完全动名语，除非它们包装得太过整齐。另一方面，有些容器语句是狭窄的，它们专门适合于完全动名语。这个结果本身就很重要。但这还不是全部。我们将看到，当一个宽松的容器语句里出现的是一个完全动名语，说母语的人就会认可用与之相应的未完全动名语来代替它，把这看作一种可靠的改写。让我提前举个例子：

---

① 原文用不同形容词如 *narrow*、*loose* 等与容器搭配，译文也不加统一，相应把这些形容词译作狭窄、严格、宽格、宽容等。——译者

德国人的崩溃是不可能的

这个句子在一个宽松的上下文里包含了一个完全动名语。如果用适合于同样上下文的不完全动名语来说就是：

德国人将要崩溃是不可能的。

后一句可以作为上一句的真实改写而被接受。反过来，相同的语词串如果出现在狭窄的容器语句中，例如：

德国人的崩溃是逐渐的，

我们就完全不可能把它改写为

＊德国人当时崩溃是逐渐的。

这一事实导向一个重要的结论：尽管有些容器语句表面上相当宽容，它们其实对动名语会作出颇为严格的区分，实际上，容器语句也许比动名语本身的语法形式透露出更多的消息。为什么会有比较宽容的那种宽松的上下文，这当然是一个有趣的问题。我猜测，也只限于猜测：原因在于完全动名语有较大的适应性；它们更适于进入容器语句，因为名词化的过程在这里并没有停止。但是任何事情都不能过分。如果这一动名语被包裹得过于严格，宽松的容器语句就会排斥它，或至少在装载时会吱吱嘎嘎的。例如，

> 马赛曲的歌唱是不大可能的

这个句子说得过去，而

> 马赛曲的优美歌唱是不大可能的①

至少是成问题的，而

> 约翰对马赛曲的优美歌唱是不大可能的

简直没法听。为什么呢？答案看来是这样：因为完全动名语蜕去了时态与辅助成分，因此在装载过程中丢失了太多的相关信息。的确，最后一个句子有好几种可能的还原，如：

> 约翰唱过……是不大可能的，
> 约翰将要唱……是不大可能的，
> 约翰能唱……是不大可能的。

在这里我们看到的是两种倾向之间的一种有趣的冲突：一方面要保存信息内容，另一方面要简化形式。在这一点上，我们很有理由认为我们的语言还没有完全定型，甚至正在经历着一种变化。不过，这种不确定性所影响的与其说是实质，不如说是一些表面上的东西。

---

① 这句汉语不通，但与那句英语不通的缘故不同。这是因为汉语没有不完全动名语。——译者

第七节

我从宽松的容器语句开始考察。这样的容器语句主要适用于不完全动名语。因此我们先来看看下列一套短语：①

>   约翰唱
>   约翰之唱马赛曲
>   约翰之已唱
>   约翰之能唱
>   约翰之优美地唱。

现在我按照第五章第四节开头勾画出来的计划提出这个问题：适合这些短语的形容词有哪些？当然不是诸如黄色的、圆形的、快的、容易的、聪明的之类。用后面第七章将要展示的分类法来说，当然不是这几种较低品级的形容词。于是我们还剩下最高品级的形容词，诸如可能的、有用的、必要的、很可能的、极可能的、当然的、真实的，以及它们的反义词，最后还有无所不在的好的一词。我并非主张所有这些词都适用于所有不完全动名语。这里有着多种限制，但就我们当前的探讨来说，我可以忽略这些精细之处。因而，在这里以及此后的讨论中，我采用的策略是选择一些典型例子，而

---

① 一"套"转换的观念源于 H. 希兹。参见他的《共语法性、转换的系列性和语法范畴》，载于《应用数学专题讨论会论文集》，美国数学学会编，1960 年第 12 期，第 43—45 页。

不是提供一份巨细无遗的表格，详细列出种种可能的搭配限制。为此我选择不太可能的、极可能的和当然的。很明显，它们适合于所有的相关句型：

  约翰歌唱是不太可能的。
  约翰歌唱，那是不太可能的。
  约翰之已唱马赛曲是不太可能的。
  他之能优美地歌唱是不太可能的。

极可能的和当然的两个词也一样。有意思的是，我们发现这些形容词中的大多数，但并非全部，不适合与非动名语的名词连用。没有极可能的狗、当然的树和不太可能的雪茄烟；要是真出现了这样的说法，那我们恐怕得费一番口舌去加以解释。

  现在我们来看一下哪些动词能用不完全动名语作主语。这样的动词有很多种，我在其中选择令人吃惊和导致作范例。的确，我们可以说：

  约翰唱马赛曲令我吃惊
  他之能优美地歌唱令我吃惊，

也可以说：

  约翰之唱马赛曲导致了骚乱
  他之已唱马赛曲导致了骚乱。

大多数这类动词同样也只接受动名语作为主语。(导致甚至更加特别,它同时还要求用动名语作宾语;桌子和马不是由什么东西导致的。但这一点及相关问题我将在下章再谈。)

大量动词要么要求要么容忍用不完全动名语作宾语。我们可以用提及、否认、记得为例:

> 他否认约翰唱了马赛曲。
> 我提及他之能唱。
> 我记得他之已唱。

最后,有一些容器语句要求一个动名语和一个名词相配使用。这里我们举事实和结果作为例子:①

> 约翰曾唱马赛曲是个事实
> 他之能优美地歌唱是个事实。

由此我们甚至可以形成复合性动名语:

> 约翰曾唱马赛曲这一事实
> 他之能优美地唱的事实。

---

① 有趣的是,这些名词,以及为完全名词化语句所设的容器名词,如事件、过程、行动,本身也是些名词化语句,这一点可从它们的拉丁词源的原义中看出来。

而且复合性动名语还可以再用于容器上下文。以结果为例：

> 约翰之能唱是长期训练的结果
> 他唱马赛曲是喝了五杯马丁尼酒的结果。

顺便说一句，最后一个例子表明，这些动名语所指称的事物不仅可以是结果而且也可以有结果：我们刚才就提及约翰喝了五杯马丁尼酒的结果。

前面不远处我曾允诺要提供一个间接的证据，用来表明如果某些容器词项——名词、动词、形容词——适用于同一种类的动名语，那么它们就同样能相互适配。刚才用到的短语——"我提及这个结果"——让我们想起了这件事。以我们一直选用的动词为例来说，的确，结果和事实都可以被提及、被否定或被想起。事实和结果也同样都可以令人吃惊。我们也可以说事件或结果导致了其他事情。至于形容词，上面三个例词显然都可以顺顺当当与结果连用：许多结果是不太可能的、极可能的或当然的，此外我们也可以说可能的、有用的甚至真实的结果。事实的选择性较强，但我们只要想到这个词具有强烈的成就意义，就不难理解这一点了，请记住：真实的事实是冗余的而虚假的事实是自相矛盾的。不过这是另一个话题了。无论如何，间接的证据看来成立。而且，我们后面还有机会把连用于不完全动名语的容器语句与连用于完全动名语的容器语句作一番对照比较，那时这个证明会更让人瞩目。我们下一节所要讨论的正是连用于完全动名语的容器语句。

第八节

我们可以选择以下几个例子来代表完全动名语：

马赛曲的演唱
优美的演唱
约翰对马赛曲的演唱。

我们现在来看一看哪些形容词以及哪些前置的或后置的动词能与这些动名语连用。我们会发现：许多能与不完全动名语连用的容器成分在这里也适用。我们不必因此不安。我上面已经说明，我们通过改写方式的转换就能清除这些混乱。我们现在必须寻找的则是仅仅适用于完全动名语的狭窄容器语句。

我在第七章将要对形容词进行分类，符合上述要求的大多数形容词属于 A_3 类[①]，其典型例子有慢的、快的、突然的、逐渐的、长期的。它们的作用显然很不同于修饰不完全动名语的形容词。试比较：

约翰的演唱是可能的
约翰的演唱是缓慢的。

第一句可以转换成

[①] 参见第七章。

他演唱,那是可能的。

但第二句却不能变成

*他演唱,那是缓慢的。

另一方面,第二句可以变成

约翰演唱得慢。

第一句却不能强说成

*约翰演唱得可能。

我们至多能这样说:

约翰,有可能,演唱。

如果区别仍不够明显,请想一想:我们能够听到缓慢的歌唱,却不可能听到可能的歌唱。但这一点是可以料到的。顺便说一句,并非所有完全动名语都可以与所有 A_3 类形容词连用。这里有一些搭配限制,然而这些限制因素并不改变语法形式[1]。德国人的崩溃可以是

---

[1] 即这些限制因素只关乎语义的搭配。——译者

缓慢的、快速的、突然的、逐渐的；然而，一首歌的演唱可能是缓慢的或快速的，甚至可能是突然的，却不大可能是逐渐的。

有一些名词可以用作完全动名语的表语，例如事件、过程、行为：

> 德国人的崩溃是个渐进的过程。
> 恺撒大帝的被杀是个血腥事件。
> 约翰踢猫是故意的行为。

在这一点上，由动词充当的容器最能说明问题。前置于名词的动词中有看见、观看、听到、感到、观察等等。例如：

> 我听到了马赛曲的演唱。
> 我感到了大地的颤动。
> 我看到了罪犯的处决。
> 我观测了金星的穿过。

后置于名词的动词也同样说明问题。例如发生、举行、开始、持续、结束等等：

> 跑步比赛在贝尔蒙特举行。
> 暴动开始于五月，持续了两个月，七月结束。
> 约翰之唱马赛曲发生在夜半之后。

此外我再补充一点：有些时间介词适用于完全动名语，而不适用于不完全的动名语。例如早于（之前）、晚于（之后）、自从、直到等：

> 直到他歌唱马赛曲之前，万籁俱寂
> 麻烦开始于那歌唱之后

这些说法行得通，但

> *直到他的演唱马赛曲之前，万籁俱寂
> *麻烦开始于他的歌唱马赛曲之后

这些说法就行不通。

第九节

我在前面说过，适合于不完全动名语的容器上下文通常能接受完全动名语，但这一点反过来绝不成立。我不需要详细解释这一点，举几个例子就够了：

> *约翰的唱马赛曲是缓慢的。
> *德国人之已崩溃是一个逐渐的过程。
> *我听到他已唱马赛曲。
> *约翰的踢猫发生在下午。

对于宽松式或宽容的上下文,我们需要用一套改写转换的方法来澄清它们所造成的混乱。考虑一下下面这个句子:

  约翰之对马赛曲的歌唱令我吃惊。

这个句子模棱两可。既然令人吃惊是个宽松的容器动词,这个句子就可以在如下意义上来理解:

  他曾唱马赛曲让我吃惊。

但我们不一定非要这样理解。或许是一些有关他唱的事情令人吃惊,例如他悦耳的声音。我们可以这么说:

  他以悦耳的声音唱歌让我吃惊。

这里的重要之点在于,动词令人吃惊就仿佛把我们朝不完全动名语的方向推挤。有时候我们不得不还原这种动名语。看这样的句子:

  约翰令人吃惊。
  约翰导致了麻烦。

我们有一种感觉:这两个句子都要求补足:约翰由于做了某事而令人吃惊或导致了麻烦。(顺便说一下,不是通过对某事的做。)而听到

> 约翰吃了一个苹果

我们就不感觉到这种推挤；这个句子已经完整自足。再看一个例子，如果我们说：

> 可怕的雪人是一个事实。

我们想说的是：那个怪物的存在（它存在）是一个事实。另一方面，

> 可怕的雪人住在洞穴里

这个句子却是完整自足的。住在洞穴里的不是它的存在（或它的生活、它的在场）。它的存在等等是些隐匿的动名语。为了形成一个完整的图景，我想讲两句伪装的动名语。有些名词不是由动词转化而来，但起作用的方式却像名词化的动词一样；也就是，它们能够进入容器上下文，但并不意味着那里有一个隐匿的动名语。与桌子、水晶、奶牛不一样，火与暴风雪可以发生、开始、结束，可以是突然的或长期的，可以被观看被观察。一言蔽之，它们是事件而不是物体。

第十节

现在让我们来看一下我们的第二个间接证据：适用于完全动名语的诸容器词项同样也是彼此适配的。事件、过程和行为可以出

现、发生、开始、持续、结束,事实或结果却不可以。前者能够被看见、被听到、被经历、被遵守,可以是突然的、逐渐的、激烈的、长期的,后者则不然。由于这些容器比较宽松,相反的情况在表面上并不十分明显。然而,尽管我们有时能说提及(但不能说否定)某事件、过程或行为,会说它们是不可能的或可能的,甚至会说它们导致某些事情或令人吃惊,我们还是立刻会强烈地觉得应当说,我们这里所指涉的是某种关于它们的东西——如它们的出现或某种特性。

我这里补充一个颇可支持我们主要结论的佐证。① 即使一个句子根本不被名词化,它和适用于不完全动名语的上下文之间仍显示出一种亲缘关系,但它和适用于完全动名语的上下文之间则没有这种亲缘关系。动名语约翰之死可以出现在下面两种上下文中:约翰之死可以令我们吃惊,约翰之死也可以是缓慢的。假如我们不将之名词化,我们仍可以说:

　　　　约翰死了,这使我吃惊。

但不能说:

　　　　*约翰死了,这是缓慢的。

总结下来,我们纯粹根据句法定义了两族动名语,即不完全的和完

---

① 我是从 H. 希兹那里得到这一点的。

全的。我们发现，容器上下文能极其清楚地辨别一个动名语属于哪一族——事实上，碰上含混模棱的情况，容器语句的性质可以决定该动名语属于这两族中的哪一族。

第十一节

现在，我们该回到奥斯汀的例子上来了：德国人的崩溃。尽管这个短语有着完全动名语的形式，但它其实是个含混模棱的语例。没有人会反对这样的句子：

> 德国人的崩溃是一个事实。
> 德国人的崩溃是一个事件。

但是我们知道，由于动名语德国人的崩溃所处的语境不同，从而也就要有两套完全不同的改写方式和搭配方式；换言之，在上面两种情形中，这个动名语是在两个完全不同的范畴中得到理解的。并不因为德国人的崩溃是一个渐进或血流成河的事件，崩溃的事实就也得是渐进的或血流成河的，并不因为那场崩溃的事实遭到驳斥或否定，那个事件便也得遭到驳斥或否定，所以，得出以下的结论便同样荒谬——既然德国人的崩溃是一个事件，发生在世界之中，可见事实也一定发生在世界之中，或干脆就存在在世界之中。奥斯汀的三段论中出现了四个词项。

第十二节

　　如果我们不辞劳苦，所有成果只是捕捉到奥斯汀的一时疏忽，那么我们就难免要受到杀鸡用了牛刀的指责。不，我们的矿脉蕴藏着更加珍贵的矿石。结果我们能从语言学的故事摸索到形而上学的结论。

　　世界之中都有什么？具体说来，世界之中只有物体呢？抑或也有事件、行为、过程，甚至还有事实？现在，这个三重区分的原因是很清楚的了：它只是反映出名词短语的三分法——物体名词和我们前面讨论的那两种动名语。我不认为上面提出的那个问题在哲学上是不合情理的胡话。它不可能是，因为我马上就要回答它，而回答的方式，我希望，是合情合理的。

　　或直接或间接，我们关于事实和事件已经谈得足够多了。为了能够回答那个问题，我们却还须就物体概念提出几个明显易见的特点，此外，我们还须就世界概念，特别是就在世界之中这个短语作一番讨论，这里包含的几个特点也许就不那么明显易见了。

　　说到物体，我再一次采用同样的方法，问一问在谈论物体时，我们可以用哪些种类的形容词和动词。在这样做时，我必须有所选择：我将挑选那些切中当前主题的词汇。而且，既然我们已经了解讨论所依的语言学背景，那么我为方便起见只谈物质实体。因此，我专注于如下事实，即物体有体积和形状，我们可以触摸它们、观看它们、从不同的角度和距离看见它们。我们还可以推拉它们，可以把它们切开撕碎。这些情形之所以可能，是因为物体都处于某个位置,它们位于某处。通过移动、滚动或走动,通过升或降,它们可以改换位置。另外,它们能够包容其他物体,就像盒子可以盛放雪茄一样。所有这些,以及其他许多特点,都可以概括为一句老生常谈:物体处在空间之中。它们也处在时间之中吗?要回答这个问题并非易事。物体不会出现、开始或结束。它们处在一个位置上,但它们并不在某一时刻发生[①]。除非在是否磨损的意义上,否则它们甚至不会持续。说一棵树开始于二十年前,持续了十年,然后便结束了,这种说法是哲学胡话。它们当然可以存在一段时间,但那是它们的存在或生命持续了那么一段时间。介词也说明同样的情形。尽管我们可以谈起苏格拉底之前或基督之后的时间,但我们的意思是说在他们的出生或公众生活等等之前或之后。这足以表明,物体(或人)与时间的关系跟事件、行为或过程与时间的关系不同,前者是一种间接的关系。

事件等等主要是时间性的存在。看一下与之相关的动词种类,再考虑一下快速的、慢的、突然的、长久的、逐渐的之类的形容词以及在其前、在其后和自从之类的介词,就足以让我们明白这一点。它们处在空间之中吗?不直接。德国人的崩溃并不位于某处,也不能在某个地方找到。不过,说它发生在德意志祖国和欧洲德占区是有意义的。但是,接下来说德国人的崩溃有 2000 英里长便很荒唐了。是的,崩溃可能发生在 2000 英里长的战线上,但这恰恰显示出事件与空间之间的关系不是直接的关系。

[①] 处在一个位置上和发生分别对应 *in a place* 和 *take place*,两者在原文中有字面上的联系,译文失去了这一联系。——译者

事实（及其同类，如结果等等）则根本就不处在于时空之中。它们没有处所，不能移动、分割或扩展，它们也不会在任何意义上出现、发生或持续。也不能说它们是巨大的或快速的。下述这样的句子

> 非洲被欧洲列强所控制，这多年来是一个事实。

只不过是记者笔体对下面这个句子的一种转换：

> 非洲多年来被欧洲列强控制着，这是一个事实。

第十三节

最后，世界是什么呢？它像是个事物、一个过程，还是一个事实？是啊，我们该怎么说到世界呢？毋庸置疑，世界浩大且广袤。我们居住在其中，其中的某些事物比另一些事物与我们更为贴近，我们会说到世界的这一部分那一部分。当然，世界无法移动而且也不位于何处，但我们不必为此担心，因为"移动"和"位于"这些概念都是相对的。于是，世界看来很像一个物体；更确切地说，世界的观念就是所有物体之总和的限定性观念。物体是世界的组成部分，有点儿像器官是有机体的组成部分。那么，在一种十分直截了当的意义上，物体显然存在在世界之中。

然而，硬币还有另外一面。我们可以谈论世界的开始或结束。

我们甚至可以说尽管约翰死了,世界仍一如既往继续运行。因此,如果说世界也是一个过程,那么其他过程可以是作为世界的部分而存在于其中:这很像写作这一章是我生活的一部分。但是,即使撇开世界作为过程这一点不说,在我上面所提及的间接意义上,所有过程、行为、事件都是在世界中发生的。

可是,事实怎么可能存在在世界之中呢?何况它们甚至不能存在在房间或大陆等我们更为熟悉的容具之中!当然,事实是关于在世界之中的事物的,但此"关于"不是在"她整天从事关于那所房子的工作"① 中的"关于",而是"关于某些事物的讨论"中的"关于"。我找不到任何正当理由来支持事实存在在世界之中这一说法。

这把我们带回符合论、奥斯汀的指示约定和描述约定以及"陈述符合事实就是真的"这一格言。② 如果符合论所需要的是经验陈述与在世界中可被观察事物之间的关系,那么后一种角色是不适合由事实来扮演的。物体和过程也许适合,然而这么一来,我就不知道如何来表述这种符合论了。幸好这项任务不在本章范围之内。但"陈述符合事实就是真的"这一原则又是怎么回事儿呢?它是在提示陈述与世界的一种关系吗?不可能,而且也的确不是。首先要注意的是,说一个真陈述符合事实,这时候"事实"用的是复数,不能用单数——我们不能说一个真陈述符合一个事实。这只能是说,真陈述和已知或可知的所有相关事实相一致、相和谐。这类似于说理论与数据相符合。我们已经知道事实可以被陈述或被否认,那

---

① working about the house 通常应当译作"里里外外操持家事",这里译作"从事关于那所房子的工作"只是为了在译句中出现"关于"。——译者

② 《真理》,载于《哲学论文集》,第 85—101 页。

么，无怪乎它们可以与陈述、结果以及其他事实等相一致，能够推导出陈述、结果以及其他事实，或由这些东西推导出来。不消说，相互一致和相互推导不是涉及在世界中的可被观察事物的关系。"真陈述符合事实"这一原则与真理符合论毫不相干。

第六章　作用、结果、后果[①]

第一节

哲学话语中的一些关键术语过着双重生活,在理论上这一点众所周知,可是在实际讨论问题的时候却常常得不到充分的认识。我们在日常交际中理解这些语词,使用这些语词,于是它们出现在哲学家的著作中时,我们也以为自己理解它们,事实却是:从上下文说,甚至从语法上说,这些语词在日常交际中和在哲学著作中的用法都有所不同。这当然意味着我们实际上处理的不止一个概念:在自然环境中碰到这样一个语词我们能理解它,这一点本身并不确保把它移植到哲学园地之后我们也能理解它。因此,我们必须从哲学文本自身出发把它(或它们)作为新的概念来重新学习。

[①] 这个课题最初是先师奥斯汀1955年向我提议的。本章内容曾写成两篇论文,一篇是《作用、结果、后果》,另一篇是《反应与退缩》,都发表于R. J. 巴特勒主编的《分析哲学》(第1—15页和第25—31页),本章合并这两篇论文并稍加补充。S. 布鲁姆伯格、W. H. 德雷、R. B. 马尔库斯诸教授对这两篇论文的评论(前二位的评论发表在同一本文集中)大大有助于我改善此文的努力。J. M. 萧特尔教授在《因果性和一种分析方法》一文中(R. J. 巴特勒主编的《分析哲学》第二辑)对我那两篇论文所作的讨论也极为出色,给我留下深刻印象。

这种因适应水土[①]而发生变化的现象并非哲学语言所独有。绝大部分的科学术语也来自日常话语。质量、力、能量等等概念都体现了这种情况，而像电子这种概念却可说完全是物理学里土生土长的。但对于哲学来说，这些移植语词所起的作用比较特别。在科学中，术语是整个概念装置的一部分，而我们使用这个装置，用康德的话来说，是为了"接近自然以便让自然来教导我们"。[②]而哲学家想用那些他重新赋值的术语接近什么呢？他期待让什么来教导他呢？

哲学家会给出两种答案——一种谦逊，另一种则野心勃勃。前一种大意如下："我所做的无非是建议我们用一种新方式来看待世界。要获取我的视角，别的不说，你至少得掌握我提出的那些概念；如果你依据这些概念来看待事物，你将看到……"我绝不会与这样的哲学家争论，否则，岂止哲学家？恐怕诗人、艺术家、先知，都会群起反对我——我可对付不了这样的局面。我的抱怨是冲着那种野心勃勃的哲学家去的。他大致会说："我的目标是逻辑分析。你要是追随我，我将对相关概念进行分析和澄清，从而解决你在哲学上的困惑，我将表明……"现在我要质疑的是：他打算分析的是什么概念？是引发出问题的那些原初概念还是他在自己的讨论过程中创造出来的概念？如果是前者，皆大欢喜；如果是后者，那么他所说的一切大概都是无关紧要的；最后，如果他分析的是后者却宣称是分析了前者，那么他所讲的一切大概就都是错误的。

---

① *acclimatizations*，入乡随俗，但这里用的是植物学隐喻。——译者
② 康德：《纯粹理性批判》，B 版 xiii（N. K. 史密斯的英译本第 20 页）。

第二节

原因和结果①〔作用〕可能是哲学史上最被宠爱的一对概念了。而且由于同样的缘故,它们最能够代表我上面所说的过着双重生活的概念。更有甚者,在这里,经过教化的后代势力膨胀,大有入侵其自然先祖的法定领地之势,其情形同心智、灵魂等另一些受宠的概念不无相似之处。举例来说,听到鞋子是鞋匠的结果〔作用〕,父母是他们子女的原因,上帝是原因而世界是他的结果〔作用〕,受过教育的人简直不以为奇;他们心安理得地相信台球的碰撞、犯罪的趋势、失业率的上升、交响乐的创作等等都是些结果〔作用〕,都要求有它们各自的原因:诸如动力、劣等住房条件、经济衰退或贝多芬的心绪。总之,像洛克所说的:

> 那些产生简单或复杂观念的,我们就用原因这个通名来表示,而那些被产生的就叫做结果〔作用〕。这样的话,如果发现那种被我们称作"蜡"的物质的流动性……不断由加热而产生出来,我们就把与蜡的流动性相关联的热这个简单观念叫做它的原因,而流动性就是结果〔作用〕。同样发现作为木柴的物质,……在火的作用下变成了另一种物质灰烬,……我们就认

---

① 英语说 cause and effect,汉语说因果、原因和结果。但英语区分 effect 和 result,万德勒在本章中并进一步表明两者有范畴之别,而 result 仍相当于汉语的"结果"。为传达 effect 和 result 的区别,我们把 effect 译作结果〔作用〕或作用,把 result 译作结果。这当然是很勉强的。——译者

为与灰烬的关系来说火是原因,而灰烬是结果〔作用〕。①

而且,休谟自己也言之凿凿对我们说:"所有原因都是同一种类的"②,"所有物体都可能互为因果"。③依据这些原则,他会行文说道"把任何以往事件与任何一本历史书联系起来的漫长因果链"④;他还断言:"无论一个人公开指责我,还是话里有话,暗示对我的轻蔑,在两种情况下我都不是直接觉察他的情绪或观点;我只有借助某种迹象,即借助那种情绪或观点的结果〔作用〕,才能对它们有所觉察。"⑤与此相似,康德把"在充实的垫子上压出坑凹的一个球"看作一个原因,他还说"(盛了水的)杯子是水上升到水平面以上的原因",说"作为原因的火炉与其结果〔作用〕即屋子的温暖是同时的。"⑥

这些引文应足以表明问题的实质了。哲学家们创造了一个因果观念,或者不如说,每个哲学家创造了他自己的因果观念,然后着手对那个观念进行分析,最后得出关于它的结论。如果他保持一

---

① 洛克:《人类理解论》,第二卷,第26页。
② 休谟:《人性论》,第I卷,第三章,第十四节。[休谟,《人性论》,关文运译,商务印书馆,1980年,第196页,"一切原因都属于同一种类"。——译者]
③ 同上书,第I卷,第三章,第十五节。[同上书,第199页,"一切对象都有互为因果的可能"。——译者]
④ 同上书,第I卷,第三章,第十三节。[同上书,第169页,"将过去任何事件与任何一册历史联系起来的同一长串因果系列"。——译者]
⑤ 同上书,第I卷,第三章,第十三节。[同上书,第173页。——译者]
⑥ 同所引,B版第248页及以下(史密斯的英译本,第227页及以下)。[中译本,第184页:"盛水之杯乃使水上升至水平线以上之原因",蓝公武译,商务印书馆,1997年。——译者]

致,他从其研究中得到的就会恰恰是他开始时放进去的那些东西。

这是个奇怪的程序,但它的缘由不难寻找。在日常语言中我们有相当一批感觉上似乎属于同一家族的词语。原因、理由、来源、起源、制造者等等形成这个家族的一支;作用、结果、后果、作品、产品、创制物、后裔、成果等等形成另一支。哲学家试图发掘这个直觉,开始把第一组的所有成员称作原因,第二组的则称作结果〔作用〕。但是,这样做却容易做得过头,误把某一部分的同一当作是门类的同一。换句话说,他们忘记了仅仅家族相似还不足以成为共同门类的充分基础。因此,除非能够表明基于这些自造的类属的结论真的适用于所有原初的概念,否则这样的结论就仍将和关系着那些概念的本来问题无关。

涵盖全部这个领域,大概要整整一部书——这倒是值得去写的一本书,但我在这一章里,将限于主要从"原因-作用"系列中挑选的几个例子,来说明我们在那里遇到多种多样的、很大的逻辑差异,而这些差异在讨论因果关系问题的漫长历史中却差不多一直被忽视了。

第三节

我所采用的方法,至少在一开始,不可能是系统的方法,因为我们无法预先知道整体逻辑画面中的哪些方面与我们的工作相关。因此,我们只能一边发现问题一边解决问题:由于发现了一些差异,于是形成某些范畴,反过来,应用这些范畴,又会发现某些差异。

有了这根弦,我就开始讨论这一组词中有特殊地位的一个:

effect。究竟什么是结果〔作用〕？请看下面这段虚拟的叙事：

> 原子弹爆炸的结果〔作用〕可以在半径 100 英里的区域内感受到。地震仪等灵敏仪器可以在几千英里以外对之进行测量和记录,那些直接的结果〔作用〕,像热浪、辐射、气压、地震、冲击波,直接波及一个很广的区域；如果再加上更远的结果〔作用〕,像辐射性粉尘、大气和海洋的毒化,我们就能想象这样的爆炸给人口密集的地区将带来何等灾难性的结果〔作用〕。

我想,这是用到结果〔作用〕一词的一个相当典型的语境。如果是这样,我们就可以用它来揭示这一概念的主要方面。

首先,让我们先来注意一下被称作"结果〔作用〕"的那些东西：热浪、辐射、压力、地震、冲击波、粉尘、大气的毒化。从语言学的角度来看,这一系列词语最明显的特征是它们之中绝大多数是动名语。要是想到差不多没有什么纯种名词可以列在这张清单里,我们的这种印象就更深了。没人会说一个水晶球、一棵植物、一个动物、一件家具是什么东西的结果〔作用〕。诚然,我们可以说手表、皮包、珠宝是个人的财产(*effect*),但是这种特定的且又颇受限制的用法,显然与讨论因果意义上的"结果〔作用〕"没多大关系。而我们正是在因果意义上言及爆炸、行动、限制等所产生的结果〔作用〕。对结果〔作用〕一词的搭配的考察也会被引向同样的结论。爆炸产生的结果〔作用〕既不是黄的也不是粉的,既不是方的也不是圆的,既不是硬的也不是软的,我们不能在山顶上找到它们,也没法把它们搜集在一块运进博物馆。从我们上一章末尾所说的来看,所有这些都清楚地表明"结果〔作用〕"不是物。那它们是什么呢？

我在上一章提出的名词化理论，尽管不完整，但在这里再一次表明也许会有帮助。于是，要问的是：能恰当地与结果〔作用〕一词连用的名词短语，是满足不完全动名语的转换标准与搭配标准还是满足完全动名语的相关标准。若能找到这个词的清晰的模式，我们就会知道结果〔作用〕属于哪类事物——它是更像事件（过程）还是更像事实。

再仔细读一下上面那段引文，我们就会确信，结果〔作用〕所牵涉的动名语必须是完全名词化句子；结果〔作用〕是世界里的事件或过程而非事实。大地剧烈震动这一事实[①]并不是爆炸的结果〔作用〕：大地的剧烈震动这件事情本身才是。这一事件[②]，而非这一事实，会波及一个广大的区域，会被感觉到、被记录、被测量。大地震动这一事实并不剧烈或危险，只有爆炸产生的结果〔作用〕，大地的震动，才是剧烈的危险的。我们不说：

大地之曾震动是当时曾发生爆炸的结果〔作用〕

而说：

大地的震动是当时曾发生爆炸的结果〔作用〕

鹦鹉螺号潜水艇的船员都受到保护，以免受核裂变产生的结果〔作

---

① 这一事实是译者加上对应 that 的，见上章。——译者
② 这件事情是译者加的。——译者

用〕之害：这是免受辐射这一事件之害，因为辐射这一事件可以穿透厚厚的墙壁，伤害有机体，但不是免受辐射这一事实之害，因为辐射这一事实并不能穿透什么东西，也不会对人体有什么危害。在某物上有某种结果〔作用〕这一颇具特点的短语进一步加强了我们的结论：结果〔作用〕不是产物也不是事实。"在某物上"的结果〔作用〕是该事物所经历的变化或过程。

我们可以进一步展开上一段所包含的论证，还可以使论证的方式更加严密。我们可以系统地运用和扩展上一章所勾画的方法，从而证明：短语……是某某的一种结果〔作用〕这一容器语句的空白处适合填入的是完全动名语；换句话说，适合于结果〔作用〕一词的事物也适合于事件或过程。二者的差别则在于：结果〔作用〕是一个双位容器，而后面这些词却是独位容器。……是某事物的结果〔作用〕中的某事物所代替的原来也只能是另一个完全动名语。如果一个事件或过程被描述成一种结果〔作用〕，那它肯定是某事物的结果〔作用〕，而这个事物自身又是另一个事件，由另一个完全动名语来表示。刚才我们讨论的那起原子弹爆炸，它曾在某处发生，可能是突然的、剧烈的，它能被看到，等等。这里出现的又是典型的适用于完全动名语的容器语句，不完全动名语就不行：

＊地震是炸弹之曾爆炸的结果〔作用〕。
？炸弹爆炸过，这一事实在大气上产生了结果〔作用〕。

所以，结果〔作用〕可以是一个链条。辐射是原子弹爆炸的结果〔作用〕，但辐射本身可能在生物组织上产生各种结果〔作用〕，比如恶性生长,恶性生长的可怕结果〔作用〕又会蔓延整个有机体。

在此,有人会反对说,"结果〔作用〕"或"作用"有时并不只用在其他事件上,也用在物或人上。我们经常这样说:

> 希特勒对他的听众产生催眠作用
> 月球对洋面产生作用

我的回答是,在这些情况下可以预见一定会有如下这类句子:

> 希特勒的演讲对他的听众产生催眠作用。
> 月球的引力对洋面产生作用。

这些句子中包含的是"作用(结果〔作用〕)"真正归属的动名语,熟知这一语言的人会清楚地看出它们是前一组句子补足了的、更明白的说法。但下面这类句子就不一样了

> 希特勒有一件棕色的大衣。
> 月球没有植被。

我们不能在这些句子里留出空白并填入一个动名语

> 希特勒的……有一件棕色的大衣。
> 月球的……没有植被。

这样，我们就明白了，这些反例基于前面(5.9)所说的"隐匿的动名语"。

我们可以总结说，结果〔作用〕不是事实或物理个体，而是世界里的其他事件或过程引起的事件或过程。

第四节

我们现在将拿"结果"来同"作用"进行比较，我们上文对"作用"的界说会因此变得更加明晰。首先粗略比较一下：说感觉到结果或度量结果是没意义的，结果不会（像原子弹爆炸那样）波及很远的地方或穿透厚厚的墙壁；它不能被防止，不过有机体也无须抵御它；它不是突然的，也不是持续的；既不猛烈，也不温和；既不降温，也不镇痛。最后，没有什么会在别的东西上产生结果。总之，结果不是作用，这是因为，正如我们要详细表明的，结果根本不是事件或是过程。

我们必须从一种不难感觉到却不大容易表达的区别开始。我们会说到测试、实验、比赛、选举、计算等等的结果，我们也会谈论地震、洪水、战争、革命、事故等等的结果。而在这两类情况下，结果一词显然是在不同的意义上使用的。比如说实验，它是一个以获取某一特定信息为目的的过程，这一过程所获的信息在这一限定的意义上是实验的结果。在另一个意义上，这一实验当然会有很多别的结果。这个实验的一个结果可能是推翻了一个理论，可能是发展出一种新的生产方法，可能是进行这一实验的科学家出了名或得到提升，但同一个实验的结果还可能包括：这位科学家患上了皮癌。

与此类似，测试、比赛、选举等等也可能有除了限定意义以外的多种结果。限定意义的结果可能被复制、公布、出版、归档，而地震和战争的结果通常却不能被复制等等，实验、比赛、选举除了限定意义以外的各式各样结果通常也不能。我们通常借助直接引语或近似方式来复述限定结果：

> 结果如下："……"

或

> 我们知道（或，我们可以说），实验的结果是：……

非限定性的结果则一般以较为间接的方式复述：

> 这一实验的结果之一是发展出了新的生产方法

或

> 当时对新方法的引进是那一实验的结果。

由于我是对传统上称为因果性的关系感兴趣，因此我下面不讨论限定意义上的结果，而把注意力集中于结果的较普遍的、非限定的意义。不过我们后面会明白，在宽狭两个意义上都使用结果这个词绝非偶然。按照我的步骤，我从另一个假想的文本开始：

太平洋上的氢弹爆炸的一个结果是，整个珊瑚岛消失了，海床上只留下了一个大坑。数十英里外的渔民患上了辐射疾病，其中有些已经死亡。而且，整个地区被污染了数周。如果仅仅一次核爆炸就产生了这样的结果，那么一场全面核战争的结果又将如何呢？整个大气的污染，食物的毒化，基因的改变，甚至人类的灭绝。这样的恐怖结果肯定不是任何一个潜在交战国所设想的目标。

我们看到，动名语又出现了。因此，结果像作用一样，也是一个容器名词。然而，结果是一个宽松的容器语词（见第五章第六至九节），作用却不是。我们还记得，这意味着结果主要适合于接受不完全动名语，换言之，这种动名语指称事实类的对象。从上一章开展出的思路中可以提供表明这一点的几种论证。

首先，所有这些动名语都可以转换为名词从句：核战争的结果将会是大气将被污染，基因将发生改变，人类有可能灭亡，等等。就此而论，太平洋上的核爆炸的结果可以用类似的形式表述：当时的一个结果是，珊瑚岛消失了，再一个结果是，一些渔民死了，等等。而且，这样的动名语可以带有时态和情态助词。我们可以说：一个珊瑚岛之已消失是爆炸的结果，一如我们可以说，我们之能够毁灭自身是高科技的一个可悲结果。此外还有否定性的结果：我们之不曾阻止一场核战争也许是恶意和缺乏责任感的结果。

从哪些形容词适合与结果这个词搭配可以引出第二个论证。我们已看到，作用可以是强的或弱的，激烈的或温和的，突然的或持续的。另一方面，结果却不能和这类形容词搭配。结果通常被描

述为幸运的或不幸的、所预料的和意外的、悲伤的、灾难性的或恐怖的。显而易见,只有这第二组形容词能进入如下结构:

> 事情如此这般,这是 A。
> 例如,他唱歌,这是可能的,这是令人吃惊的,等等。

适合与作用搭配的第一组形容词则不能这样用,我们不能说,

> * 他唱歌,
> 这是突然的,
> 这是猛烈的,等等。

不存在激烈或突然的事实,所以也不存在激烈或突然的结果。

最后,结果可以被提及、陈述、表达、知悉、相信或不信、否认或驳斥,这与事实不无相似之处。不仅如此,有趣的是,正如不存在虚假的事实,在某些意义上也不存在虚假的结果。即使在限定的意义上,虚假或错误的结果也几乎不算是结果。从这个角度来看,结果和缘故、原因、动机、说明一样,都是成就性名词。

然而,结果这个词有一种重要用法,初看上去和我们的结论相悖。一个人当然可以指着考文垂的废墟说:

> 看这战争的结果。

我们也经常碰到这样的句子:

石油是有机物腐败的结果。

我大概有点固执,又要再一次依靠解释"希特勒对听众的作用"这一表达式时使用过的策略。这里难道没有隐匿的动名语吗?我们能不能把它摆到明处?我这里提出一个非常低调的主张:那些废墟的存在或产生是战争的结果,石油的形成是有机物腐败的结果。关键在于在这里我或多或少能够这样说,而在其他上下文中却不能够。那些废墟在考文垂,但那些废墟的存在却不在考文垂。有的灯烧石油,但它不烧石油的来源或存在。一事物不等同于这一事物的来源、形成、在场或存在。然而在某些上下文中,我们用前者来代替后者,我们说:

在这个气候下不可能有苍蝇,

而不是

在这个气候下不可能有苍蝇的存在。

我们说:

这所房子不准有狗,

而不是

这所房子不准有狗的在场。

所以，一旦我们认识到这些表达是基于代喻的，就可以忽略那些反例。

我们前面曾提到作用链条的可能性。有没有结果链条呢？当然有。其他国家在与美国竞争中取胜是美国价格水平高的结果，高价格则是高工资的结果，高工资是强大的工会势力的结果，等等。结果是些事实，这些事实来自另一些事实。渔民的死亡是他们事先未被告知即将进行核爆炸这一事实的结果。

现在我们看到了作用和结果的真正区别。使用作用语言的时候，我们谈论的是世界中的事件和过程的相互依赖。而使用结果语言的时候，我们谈论的是事实的关系。说海啸是地震的作用不同于说海啸是地震的结果。海啸之为作用是一个过程，它在震中很强，随着远离震中而减弱，它持续数天，波及广大的地区，所到之处可以被人们感觉、观察、测量。海啸之为结果既不强也不弱，它不持续，不扩散，也不能够被察看。另一方面，与作用不同，结果可以被断言或否认、相信或不信、记住或忘记。两者不仅仅是门类的区别，而且是范畴的区别。

第五节

不难看出，后果和结果离得近，和作用离得远。我们用不着作整套整套的检验，仅仅提及几个关键之点就够了。后果像结果一样而和作用不一样，后果和结果可以用名词从句来表达；它们能被陈述、告诉、相信或怀疑；它们是可能的或不可能的，被期待的或意外的，但绝不是突然的、长期的、剧烈的、温和的、具有渗透性的。影响深远的作用在空间中延伸得很远，而影响深远的结果则并不如此。因此，后果也是事实，而不是对象、事件或过程。

上述几点足够区分作用和后果了。然而，结果与后果之间的区别则远不是那么清楚，因而不容易作出区分。我们首先应当认识到的是，在与人类行为相关时它们的差别是最明显的。我们很少说爆炸、地震或宇宙射线的后果。其次，我们可以注意两个特殊之处。说我们意在某种结果或取得某种结果是讲得通的，而谈论意在某种后果或取得某种后果则是无意义的。正如笑话所言，走运的得了结果，背运的背上后果。就仿佛后果不请自来。可以警告当事人当心其行为的后果，他可以尽力避免它们，有时则不得不面对它们。说到结果恐怕就不能这样说。并且，我们可以区分所图谋的结果和非所图谋的结果，但是这个区分不能用于后果。不存在所图谋的后果，于是说行为的后果是非所图谋的就是冗余的。因而，在我看来，可以用两种方式来看待由人类行为产生的事态。如果与行为者的实际或可能的图谋联系起来考虑，我们倾向于称之为结果。然而，如果脱离这类图谋来考虑，我们更愿称之为后果。这样表述有点含糊，这是因为这两个概念之间的界线有点模糊：什么使得非所图谋的结果是结果而不是后果呢？或许我们是这样想的：如果行为者知道这(有利的)东西会由他的行为产生，他就会图谋这东西。这一思路似乎暗示，所有非所图谋的结果都是不曾料到的，这一结论看来很可能成立。

我们已经表明，作用是事件或过程，而结果和后果则是事实。

这自然会产生一个问题：是不是没有因其他事情导致的物体，如果有，该怎样称呼它？

这一问题促使我们考虑结果-作用这族语词的其他一些成员：产品、作品、创作物等等。我看不出为什么非要在这儿停下来，我们可以加上：后裔、儿女、果实、分泌物等等。这一系列的唯一排序原则是普遍性不断减低。这一系列语词的共同特征是：它们是由物体或人来述谓的，而这些物体和人则可直接间接地归因于另一些物体或人。[①]

鞋是鞋匠的产品，《思想者》是罗丹的作品，一件长裙可能是迪奥的创作。在这组语词内有一些细微的差别，我这里仅提及两点。人们可以说，鞋是鞋匠劳动的产品，却不可以说《思想者》是罗丹劳动的作品。这似乎显示，产品被归因于行为者的行为并间接地归因于行为者，但作品却直接地归因于行为者自身。鞋匠用什么产出（制作）了鞋子？谁都能够回答这个问题。然而，迪奥用什么创造了那件长裙？这问题该怎样回答？用丝绸，还是用他的头脑？请想一想，上帝不是从虚无中产出或制作了世界，而是从虚无中创造了世界。

在我看来，结果-作用家族的别的成员——成果、后续事件、结局等等——并不能提供任何新的或真正有启发性的东西：它们的重要的逻辑特征借助于前面使用的检测手段就能确定，也能由前面提出的诸范畴加以描述。

[①] 例如我们用桃子来述谓果实，而桃子直接归因于桃树。——译者

第六节

既已对结果词群描绘了一幅还算细致的图画，我们现在可以进一步打开视野，考察一下这群词与另一词群中有特殊地位的一个词即"原因"的关系。作用有原因吗？还是结果才有原因？抑或产物才有原因？

我们这里得出的结论将是本章最令人感到意外的。我有充分理由认为没有什么作用是某个原因①的作用。"所有的结果〔作用〕都有原因"这一原则绝不是分析的：如果它意指任何结果〔作用〕要么是这个要么是那个原因的结果〔作用〕，那么该原则为假，我甚至要说，它分析地为假；如果它仅仅意指可被叫作某种东西的"结果〔作用〕"的东西（在另一场合）也可以被这样那样的东西导致，那么，该原则可能为真。

我将要证明：如果 X 确实是 Y 的结果〔作用〕，那么 Y 就不可能是 X 的原因。这个任务已经完成了一半。基于上面对结果〔作用〕的讨论，我们知道结果〔作用〕是事件或过程，它归因于世间其他事件或过程；结果〔作用〕序列是同质的。论证的另一半在于证明原因不是事件也不是过程，而像结果与后果一样是事实类的东西。同时下面这一点也会变得很清楚：被导致的是事件或过程而非类似于事实的东西。这种不对称在语言学背景下可以得到理解。原因一词，如同结果〔作用〕或结果，是一个双位容器：X 是 Y 的结

---

① 原因（*cause*），作名词时译作"原因"，作动词时译作"导致"。——译者

果〔作用〕，X是Y的结果，X是Y的原因，这里每一句都要求有一对动名语来替换这两个变元。其中，结果〔作用〕和结果都要求同一种类的动名语来替换X和Y；结果〔作用〕句中的X和Y都要用完全名词化句子来替换，而结果句中的X和Y都要用不完全动名语来替换。原因句却要用不完全名词化句子替换X，完全名词化句子替换Y；原因是一个"混合"双位容器；该容器通过事实解释事件。

在进一步讨论之前，我想多用一点时间好好琢磨一下 *cause* 在句法上的多面性。它有时是动词有时是名词，但是，除了某种边缘情况，这种两面性并不影响它和其他词的搭配。

　　爆炸导致了海啸
　　爆炸导致建筑物倒塌（或导致建筑物的倒塌）

这些句子可以通过以下转换改写：

　　爆炸是海啸的原因
　　爆炸是建筑物倒塌的原因。

不幸的是，更为复杂的结构拒绝这种转换。下句

　　约翰让〔引致〕管家按铃

就没有形如X是Y的原因的同义句。如果硬要套，就会产生

> ？约翰是管家按铃的原因

这样一个语法上的怪物。就算我们接受它,它也表达不了原句的意思。这样看来,在前一句里约翰这样一个纯种名词而非一个名词化句子是导致的主语,这一点无伤大雅,而后一句改写要是成立的话,那倒是咄咄怪事了。

因为,不消说,我想断定无论是原因还是由原因所导致的东西都不可能是物或人。在 X 是 Y 的原因这个母句中,变元并不代表简单名词而是代表动名语。像

> 约翰导致了这场混乱

这样的反例其实无伤大雅,只要我们指出我们能够在这个句子中插入一个动名语从而得到如下更完整的形式

> 约翰做了某事导致了这场混乱。

这里,我们不过是沿用了上文在类似情形下给出的先例。[1] 这一结

---

[1] 正如德雷指出的,
> 约翰通过退席导致了这场混乱

与

> 约翰的退席导致了这场混乱

这两句话意思上有细微的差别。前者像在追究责任,后者却没有这种意思。我认为这是因为两者强调了不同的东西。试比较我喜欢读弥尔顿(再加上但不喜欢背诵它)与我喜欢弥尔顿(再加上而不喜欢但丁),两句话虽然都是在说喜欢读弥尔顿的作品,但

论当然把人或物排除在原因、产品、作品等等的行列之外,也排除在由原因导致的那类事物之外。桌子椅子不由任何东西导致。

第七节

不难表明,在 X 导致 Y 和 X 是 Y 的原因这两种改写句型中,对 X 来说,导致和原因是一个宽松的容器。下面这些句子让我们对这一点毫无疑问:

> 约翰来了,这导致了骚动。
> 约翰之能来使〔导致〕我们吃惊。
> 约翰之殴击酒吧侍者导致了殴斗。
> 打群架的原因是约翰打了酒吧侍者。

正如存在着否定性事实和否定性结果一样,也存在着否定性原因。我指出这一点以便继续下面的讨论。我们可以说约翰没有看见红灯导致了撞车,或者信号员没拨开关导致了事故,我们还可以接着说信号员没拨开关是醉酒的结果。很明显,约翰没有看见红灯或信号员没有采取措施不能被设想为事件或过程。与此相应,它们也不能是具有结果〔作用〕的事物:约翰没有看见红灯导致了撞车,然而撞车并不是他没有看见红灯的结果〔作用〕。同样,他殴击侍者

强调的是不同的东西。同一个句子的各种转换形式(包括删掉某些部分)强调的可能是不同的因素,原初的语法结构却不变。

可能导致了殴斗,然而殴斗绝不是他殴击了那个倒霉家伙的结果〔作用〕。

最后,只要考察一下能用来修饰原因的形容词,我们就立刻会明白,它们与那些适合于结果的形容词一致,与适合于结果〔作用〕的形容词则有别。原因从来没有强的或弱的、剧烈的或温和的、突然的或长久的、危险的或无害的;但却有可能的或不可能的、很可能的或很不可能的、切近的或远隔的(不是在物理意义上,而是在逻辑意义上切近或远隔)。同样,原因,可以被陈述、告知、了解、记住或忘记,却不能被感觉到、被注视、被观察或被度量,它在这一点上也像结果而不像结果〔作用〕。

第八节

前面已经表明,原因属于事实一类。我现在来进一步考察被导致的东西的地位。可能存在着原因链,这一点似乎为我们提供了一条易行的捷径。人们可能会这样论证:结果〔作用〕链之所以可能,是因为在 X 是 Y 的结果〔作用〕这一句式中,两个变元 X、Y 都表示完全动名语,结果链之所以成立是因为在 X 是 Y 的结果句式中,两个变元 X、Y 都表示不完全动名语。因此,如果真有原因链,那么我们可以肯定,在 X 导致 Y 这一句式中,两个变元 X、Y 都表示不完全动名语,也就是说,名词短语意指事实类的事物。

不错,的确有原因链,看下面这段话:

在人所周知的气温连续零下的十七天里,路面下的土壤中的水汽都结成了冰,这导致土壤的体积膨胀,这又导致路面升高,这又导致沥青路面发生断裂。①

在上述三个导致句中,代词这都是导致的主语。因此,它必须替换一个不完全动名语。而且,这里的这引入的是同位语关系从句,所以,它每一次都和一个其前出现的名词短语同位。但是,有两次,这个名词短语是导致这一动词的宾语。所以,在 X 导致 Y 的句式中,同一名词短语既可以出现在 X 的位置上,也可以出现在 Y 的位置上。由此可见,只有事实类的事物才被导致,就像只有事实类的东西才是原因一样。

我们若醒悟这个漂亮的论证一定出了错,发现这条捷径只是把我们带入泥沼,那我们会多么失望啊。因为,实际情况表明,导致这一动词的宾语必定是一个完全动名语:对于 Y 来讲 X 导致 Y 是一个严格的容器语句。它毫无抵制地接纳完全动名语:

　　爆炸导致了房屋的倒塌。
　　气温的上升是由阳光导致的。
　　导弹之偏离方向是由诱误导致的。

当我们用不完全动名语做实验时,结果或多或少有疑问:

　　? 爆炸导致房屋之已倒塌。

---

① 引自《纽约客》,1961 年 3 月 25 日,第 29 页。

? 气温上升（这一事实）是由阳光导致的。
? 导弹之已偏离方向是由诱误导致的。

再说，包含否定词或情态词的动名语也不合格。我们记得，约翰没有看见红灯导致了撞车和他之能来使〔导致〕我们吃惊这些句子是正当的，但这类事情不能被导致：

* 他没有看见红灯是由大雾导致的。
* 他之能来是由他的巧妙安排导致的。

麻烦就出在导致这个词上。我们把上述句子中的由……导致换成归因于……句子就通了。的确，X 归因于 Y 连接了两个不完全动名语：事实可能归因于其他事实。另一方面，很显然，事实可能是原因，但是它们不能被导致。

再举一个例子。

他病了

这个句子有不完全动名语形式

他病了这一事实
他的生病，

也有完全动名语形式

他的病。

只要记住,能发生、开始并持续一段时间的是他的病而不是他的生病。现在,我认为,能由这样那样的事情导致的是他的病,而非他的生病。然而,他的生病会导致许多事:例如,我们可能说"总统的生病导致会议延期"。我们也可以说"他的病导致延期",但这一事实不必引起什么不安。归根到底,要点恰恰是,X 导致 Y 这一句式,对于 X 来讲是一个宽松的容器,而对于 Y 来讲则是一个狭窄的容器。

第九节

那么,上面那个走捷径的论证错在哪里呢?答案是:我们假设同位关系代词所替代的那个名词短语和这个代词与之同位的那个名词短语必然是同一的,或至少属于同一范畴,而这个假设太过草率。例如,我们理所当然地认为,既然导致人行道上升的原因是地面的膨胀这一事实,我们就必须把

　　……导致地面膨胀

这一短语理解为

　　……导致地面膨胀了这一事实

然而关系代词要宽容得多。请回忆一下第五章第十节里的例子

  约翰死了，这令我吃惊

在这个句子中，这与约翰死了同位，就好像约翰死了是个动名语似的。再回忆一下第二章的脚注10[①]。我们在那里评论说，在

  我买了一栋房子，那是两层的

这个句子中，那实际上指代的是我买的房子，而不是仅仅指一栋房子。从这些例子来看，那个走捷径的论证不必迫使我们放弃在更加可靠的资料基础上达到的结论。然而，我觉得我们的结论不应该解释得太严格。语法的精细之处可能允许例外，甚至可以改变。但是，尽管这些语法特征精细且可变，但我们除了跟随它们并接受它们引向的结论，别无选择。

第十节

  最后，关于"所有的结果〔作用〕都有原因"这一原则我们还能说些什么呢？结果〔作用〕是过程，也是其他过程的结果〔作用〕：结果〔作用〕序列是同质的。原因本身是事实，但它导致过程：原因序列是异质的。到此为止，结果〔作用〕有原因么？答案似乎是

---

① 即本书第55页脚注①。——译者

这样的：可以是某种东西的结果〔作用〕的那种东西可以归因于某个原因，但它不是这个原因的结果〔作用〕。换句话说，"有些结果〔作用〕有原因"这一命题在某些条件下可以为真。所有结果〔作用〕都有原因么？这个问题可以以下面的形式加以考虑：对于 X 和 Y 的任何有意义的选项，给定句子 Y 是 X 的结果〔作用〕，是否一定有相应的形式 X' 导致 Y（其中的 X' 和 X 一样，都是不完全动名语，并来源于同样的母句）？这一问题会要求研究大量的细节，我现在只能把它搁在一边。不过至少可以说，其逆命题绝对为假。对 X' 导致 Y 这个句子，X' 的某些选项会使 Y 是 X 的结果〔作用〕这一转换失败。例如，从

他没看见红灯导致了这一碰撞

将得到

＊碰撞是他没看见红灯的结果〔作用〕；

而这是个无法接受的句子。

总之，结果〔作用〕、结果和后果都没有同一种属的对应词。反过来，原因也没有。但谈到一物或一人来源于另一物或另一人，我们的语词就丰富多了，这一方从产物直到孩子，那一方从制造者直到父母。其中有一些显然是对等的。因为没有结果〔作用〕、结果、后果、产物等等所共属的门类，所以也没有原因、制造者、父母等等共属的门类。要说前者都是结果〔作用〕后者都是原因，或者说

它们之间的联系是一种因果关系，就好比说物体、事件以及事实都是事物，它们所共有的是存在。这种说法当然丝毫没有告诉我们物体、事件、事实究竟是些什么，同样，它也完全无助于我们理解结果〔作用〕、结果、后果这些概念，反过来也无助于我们理解真正意义上的原因概念。这还是一项有待开展的工作。

第七章 "好"("善")的语法[①]

第一节

"假如有人问我'什么是好[②]?'我会回答说,好就是好,没什么别的好说的了。"[③] 尽管有这个著名的断言,摩尔对好还是说了几点。在摩尔看来,好是一种简单属性,就像黄色,不过和黄色不同的地方在于,它是非自然的。这后半句话说的是什么意思?

> 我们能设想"好"独自存在于时间中,而不仅作为某种自然物的属性而存在吗?这对我来说是无法想象的,然而物体的大多数属性——我把这些属性称之为自然属性——在我看来确实能独立于物体而存在。实际上,与其说它们纯粹是附属于物

[①] 本文曾以相同标题发表于《哲学评论》,1963 年,第 72 期,第 446 至 465 页,现略做修订。

[②] 伦理学讨论的是善,这个善,在西语里,一般就是平常所说的好,本文既然是考察自然语言的语法,我们就必须把 good 和 goodness 译作"好",即使万德勒所引文字的本来汉译是译作"善"的。——译者

[③] G. E. 摩尔:《伦理学原理》,第 6 页。

体的谓词,不如说它们是构成物体的部分。若是把它们全部拿走,将不会有任何物体剩下,甚至连赤裸裸的实体也不剩;因为这些属性本身就是物质性的,物体所具有的物质性全都是由这些属性给予的。然而对于好来说,情况却不是这样。[①]

换句话说,好这一属性与其他属性相比,离物体要更远一些;就仿佛说其他属性构成了物本身,好则附着于已然完整的物体之上。

我在本章不打算讨论摩尔这段论述中预设的关于物体和属性的形而上学。我感兴趣的是隐藏在摩尔的直觉背后的那些道理,即为什么他和我们都觉得好与颜色、形状等属性相比要离物体更远一些?我想表明的是:好这一形容词与黄、圆等形容词相比离语法主词要更远一些。我们一旦认识到,把谓词好加诸主词,比起把诸如黄这样的谓词加诸主词,要更为复杂、间接,那我们也就会认识到,为什么我们会有这样的感觉或直觉:某物与其颜色(或其他"自然"属性)之间的关系较为亲密,而与好(或其他"非自然"属性)之间的关系却不那么亲密。我们这里将再一次碰到形而上学直觉实际上映现某一语法特征的实例。

第二节

为了确定形容词好与它所修饰的主词之间的关系,我必须提出

---

① G. E. 摩尔:《伦理学原理》,第41页。

一个普遍的问题：形容词都可以通过哪些方式与它所修饰的主词相连接？我们将看到，连接的方式有许多种；并且，结果表明，每个形容词仅可适用于其中几种。这一事实为我们提供了关于形容词的一般分类原则以及区分某一特定形容词的不同可能用法的方法。对好这一特殊形容词进行细致考察的结果，可以视作对这类词语的语言学研究与哲学相关的例证，若着眼于普遍性充分展开这类研究，就有可能为各种性质提供完整的界说。

最近，保罗·齐夫对好作了一次细致且深入的语义分析。① 同时他也对该词的几点语法进行了探讨。我要特别指出的是，他注意到好这一形容词具有相对较高的"品级"。② 这是指，如果一个名词前有一连串形容词，好多半位于这一串词之首：我们多半会说"好的重的红桌子"而不是"重的好的红桌子"或"红的重的好桌子"等等。他认为，好一词拥有这种高品级是因为它相对说来具有更大的出现权。让我们来看下面这些句子：

(1) 这是张好桌子。
(2) 我睡了个好觉。
(3) 现在下这场雨真好。

这些句子都没什么毛病。但若用沉（的）替代好（的）则句子（3）不通，若用红的替代好的则句子（2）和句子（3）不通。这些以及类似

---

① 保罗·齐夫：《语义分析》，第六章。
② 同上书，第 203 页。

的例子表明,好的比沉的享有更大的出现权,而沉的比红的享有更大的出现权。据此,这些形容词依品级排列应是好的、沉的、红的,而不是另外的次序。但齐夫自己清楚地意识到这一原则的缺陷。针对某些反例,他总结道:"在简单的出现权原则而外,必定还有什么别的原则在此发生作用。从语义上说,这一原则看来与自然种类有关,可我无法对之提供满意的句法描述。"①

在齐夫的若干反例之上我想再添上一个。显而易见,舒适的品级高于红的:只有舒适的红桌子而没有红的舒适桌子。然而同样显而易见的是,红的比舒适的具有更大的出现权。粗略地说,可以用前者修饰的名词比可以用后者来修饰的名词多出好多倍;若仅仅按所能修饰的名词个数来计算,红的是赢家。可我会问:为何说一把椅子舒适便有意义,而说一只苹果舒适则不然?什么是一把舒适的椅子?那是一把坐上去舒适的椅子。那么,一把红椅子坐上去红吗?我们立刻认识到红的一词拒绝这种说法:对于某种做法是红的。舒适的则相反总是包含一个动词结构。乘车可以是舒适的,同样,乘坐出行的轿车也可以是舒适的。那么,什么会是一个舒适的苹果?这个苹果去做什么用时会是舒适的?这就表明,红色直接归属于一事物,而舒适唯着眼于涉及一事物的适当行为时才归属于该事物。在此,我们得到了形容词以某种不同方式与其主词相连的第一个例子。并且,我补充一点,形容词的品级依据于这种关系的性质;例如,红的之所以比舒适的更贴近名词,原因在于它以一种更为直接和紧密的方式与名词相连。

---

① 保罗·齐夫:《语义分析》,第205—206页。

齐夫发现,好的一词的较高品级使之与诸如指示颜色、形状或"自然种类"的形容词区别开来。摩尔以为,后面这些形容词对应的是自然性质,而好的则表示一种非自然性质。摩尔的主张基于直觉;齐夫试图找出语法上的标准,然而我认为,他把症状错认作了病因。当我们说某物是好的,我们是在说什么(是在做什么),我们必须遵循什么样的语言学之途?下面的讨论牵涉到一些技术细节,但我希望,这一问题如此重要,因此讨论这些细节并不枉然。

第三节

在前面第二章第八节中,我曾提示,前置于名词的形容词结构来源于限定性关系从句

> 红色的帽子

这样一个名词短语是从

> 帽子,那个是红色的

来的。这一变动符合派生式:

> (I) AN——N wh... is A

毫无疑问,这一派生式代表了大量的形容词-名词短语的转换原型。

然而，若认为所有的 AN 短语都符合这一模式，可就错了。[①] 如：

美丽的舞者
绝对的傻瓜
核物理学家

这些例子足以令我们三思。没有一个傻瓜是绝对的，一个核物理学家也不是原子核式的。美丽的舞者又是怎样的呢？这一短语可能有两种意思：要么这个舞者长得美丽，要么她（或他）舞得美丽。现在，适当的转换分析必须能反映这种区别。相应地，这一短语的第一种意思背后可能是派生式（I），第二种意思却提示另一个转换来源。

要找出这一来源，我建议分析以下这些句子：

她是一个美丽的女孩。
她是一个美丽的舞者。

第一句的派生方式没有歧义：

她是一个美丽的女孩。
——她是一个女孩，这个女孩是美丽的。

[①] P. T. 吉齐在《善（好）与恶（坏）》（载于《分析》，第17期，1956年，第33—42页）一文中，主要从逻辑方面的而非语言方面的考虑得出了相似的结论。

第二句接受两种派生方式：

她是一个美丽的舞者。
——她是一个舞者，这个舞者是美丽的。
她是一个美丽的舞者。
——她是一个舞者，这个舞者舞得美丽。

要点在于，后一例中的形容词并非通过系动词而是通过另一动词（跳舞）与主语相连。当然，这一动词可以从归属于同一主语的名词（舞者）还原。因此，形容词（美丽的）并不直接归属于主语（她），而只是着眼于一个名词，或进一步而言，只是着眼于可以从那个名词还原的动词，归属于主语。这就提示了如下派生式：

（Ⅲ a）AN_V——$N\ wh...\ VD_A$①
并非所有形容词都同时适合于这两种模式。

比较：

她是一个金发的、美丽的舞者。
她是一个轻快的、美丽的舞者。

---

① N_V这里代表一个从动词形成的"行动者"名词形式，如舞者、游泳者、厨师（烹调者）、法官（判断者）。D_A代表一个从形容词派生的副词，如美丽地、慢地、快地等等。这个转换式以及下面各转换式的标号数字反映了这些转换式在一种语法理论中的排列顺序，这一顺序与本章的讲解顺序多少有些不同。

＊她是一个金发的、轻快的舞者。

这里的情况是这样的：金发的适合于(Ⅰ)，而不适合于(Ⅲa)，因此它把美丽的拖入了前者。轻快的适合于(Ⅲa)，但不适合于(Ⅰ)，所以它迫使美丽的也进入(Ⅲa)中。因此，在前两种情况中，美丽的不再是模棱两可的。而在第三例中，对立力量迎头冲撞，以至于产生出来的句子变得不合常规了。更充分的分析清楚地表明问题所在：

　　＊她是一个金发的、轻快的舞者。
　　——她是一个舞者，这个舞者是金发的、而舞得轻快。

　　金发的通过系动词与主语相连，轻快通过动词跳舞与主语相连。因此，两个形容词的并联破裂了。把这样两个不同种类的形容词合在一起测试，是用以确定转换是否来自同一来源的有力工具。
　　我们刚说过快不适合于(Ⅰ)，而适合于(Ⅲa)，如果是这样，就产生了一个问题：如何处理像快马这样的短语？这里，从马一词中不能还原出任何动词。然而我们却理解这个短语的意思：一匹快马就是一匹跑得快的马。因此，我们必须说，快和马的搭配必定界定了一个动词（或一群动词），这一动词或动词群把副词快和名词马连在一起，类似于动词跳舞把轻快地（或美丽地）和舞者连在一起。这就说明了我们为何无法理解像快苹果、快椅子这样的短语。这些词的搭配并未产生一个起连接作用的动词。另一方面，圆苹果或红椅子并不需要系动词之外的任何连连环节。因此，我们立刻理解了它们。所涉及的动词可能是一小群也可能一大群。就快马这一例而言,我们几乎只有一个合适的动词。但说到软弱的国王,那他可能统治得软弱或治理得软弱。最后,说到周到的母亲或好人,所涉动词的范围就变得越来越大。然而,我们感到,甚至这些结合也必定暗含着某一群适配的动词。我们理解它们的意思,但是,若没有更多的信息,我们就很难理解周到的兄弟或好的行星是什么意思。例如,我们倾向于说一个周到的母亲当母亲当得周到,这样说是有意义的:只不过我们这里是把当母亲这话当作一个动词,用来代表一群动词。基于这些原因,我们能够通过对(Ⅲa)的扩展和概括,指出这些形容词短语的转换来源:

$$(Ⅲ) AN\text{——}IV\ wh\ldots[V]D_A^{①}$$

可见,(Ⅲa)是(Ⅲ)的一个特例:在这一特例里,动词不仅是由名词暗含的,它还可以从语形上由该名词还原。

我们已经看到。并非所有的形容词都可以同时适合于(Ⅰ)和(Ⅲ),例如:金发的只限于(Ⅰ),快的只限于(Ⅲ),而美丽的却适合于这两者中任何一个。这一事实,加上进一步的研究结果,为我们提供了形容词的一种分类法。因此,我将把那些适合(Ⅰ)的形容词称为 A_1 形容词,把适合(Ⅲ)的形容词称为 A_3 形容词,等等:红的 $_1$,金发的 $_1$,快的 $_3$,周到的 $_3$,美丽的 $_{13}$,或者,我将用变元 A_1,A_2,A_3,A_{13} 等的形式来表示。

---

① [V]代表"适配"的动词群。

某些名词看来偏爱 A₃ 类的形容词，听到金发的国王、高个的母亲、胖的父亲等短语，我们会带得有点奇怪。这些名词明确指示了特定的功能（适配的动词群），所以，当它们与形容词连用时，我们期待那个形容词是从那个功能着眼来形容该名词的。的确，我们明明有高个的女人这个说法，为什么要说高个的母亲呢？我们也可以通讨另一种怪异之处识别这类名词：

他是好的
她是周到的

这样的句子含义不定，因为这里缺少能够提供适配动词群的名词。我们可以用如下构造弥补这一不足：

作为国王，他是好的。
作为母亲，她是周到的。

这个办法只限于具有明确功能性的名词。虽然我们理解"快马"或"好车"这样的短语，但我们不能说：

＊作为一匹马，这个（动物）是快的。
＊作为一辆轿车，这辆（车）是好的。

这就意味着这些名词只是暗含某种功能性。与此相应，"肥马"或"红车"这样的短语就不会产生上面提到的那种怪异。

第四节

这最后一点引向另一种重要的形容词种类。请考虑下面的短语：

小象
短蟒蛇
大跳蚤

虽然所有的象都是动物，一头小象却不是一个小的动物；同样，一个大跳蚤也不是一个大的昆虫。就这一点说，一个小厂房也不是一个小的建筑物。这应该是很清楚的。但另一方面，一个黄色的厂房的确也是一个黄色的建筑物，一头愤怒的象也是一个愤怒的动物。通常的改写会表明这些"量度"形容词的特异之处：

对于一头象来说是小的
对于一条蟒蛇来说是短的
对于跳蚤来说是大的

另一种改写形式可以是这样：作为象是小的。当然，两种说法都默认了相应于各个特定名词，都有一种标准的大小、长度、重量，或某种其他尺度。因此，这类形容词相对于那个标准表示某种过度或不足，于是形成了对比：

大——小
长——短
厚——薄
重——轻

等等。这些对照语词就好像互相连在一起，这可以通过另外两个测试显示出来。用一个词提出的问题可以用另一个词来回答：

它有多大？它很小。
它有多长？它很短。

此外，否定其中一个即导致肯定其中另一个。一头象不是小的，它就是大的（或平均的）；一个跳蚤不是大的，它就是小的（或平均的）。

请注意，这些特征不适用于 A_1 模式。不能说一座黄色的房子对于房子来说是黄色的；若问到它有多黄，不能回答说它是蓝色的；最后，从它不是黄色的这一点不能论证说它是蓝色的或平均的。至于 A_3 模式，看来和量度形容词有些相似之处。许多 A_3 形式的形容词形成对照：快——慢，强——弱，周到——粗心，好——坏，等等。然而，这并不应该误导我们。A_3 形容词就其本性来说，必然有从它派生的副词。量度形容词则通常没有副词派生词（大，小，高，低），或者说，如果它们有，这些派生词也和来源词关系疏远，经常只是一种比喻关系（短小的——智暂地，危险的——险些，轻的——轻易地）。这个事实就足以表明（Ⅲ）不可能是来源。何况，A_3 默认了适配的动词群，量度形容词却不。要理解大跳蚤，需要借助哪一类奇怪的动词呢？

那么，包括量度形容词的名词短语是从哪种原型转换来的？下面的对比会对我们有所帮助：

这是一匹黄马。——这是一匹马，它是黄的。
这是一匹快马。——这是一匹马，它跑得快。
这是一匹小马。——这是一匹马，它就马来说是小的。

在第一个例子中，马和黄好像旗鼓相当，黄和马都通过系动词和主语"这"相连接。这是最直接的联系。另外两个例子则展示了一种比较疏远的联系。我们看到，快是通过一个动词或一群动词和主语连接的，而这个动词或这群动词在逻辑上首先是由对一个名词的述谓关系决定的。小虽然通过系动词和主语相连接，但它只是相对于一个名词（标准的马）才应用于主语，而这个名词也是逻辑上在先的。基于这一点，我建议用

(II) *AN—N wh… is A for an N*

这个模式来概括包含量度形容词（以后称作 A_2 形容词）的 AN 短语。

第五节

我们刚才说，A_1 形容词直接通过系动词连接到主语上，就像名词谓语一样。那么，我们又发现 A_1 形容词在其他方面也很像名

词就毫不奇怪了。首先,它们之中有些也作为名词出现:

> 他是东北的。
> 那种黄色很可爱。

另外,对于它们之中的许多词,我们可以用询问名词的方式来提问:

> 它是哪种动物?甲壳纲的。
> 它的颜色是什么?红的。
> 它的形状是什么?圆的。

的确,一些 A_1 形容词指称品类、物种、类属、民族、宗教等,另一些指称颜色和形状。在这两组之间存在着一种有趣的差异:个体事物属于物种、类属等,但不属于颜色或形状。用亚里士多德的话说,前者是第二性的实体,而后者不是实体。然而,即使后者也似乎有某种独立的存在。例如,我们既可以说苹果是红的也可以说它的颜色是红的,既可以说它是圆的也可以说它的形状是圆的。说苹果是红的是把一种颜色归属于苹果,但说它的颜色是红的则不是把一种颜色归属于那种颜色;那种颜色依据同一性是红的:红色是一种颜色。再次用亚里士多德的话来说:红色不仅描述第一性实体,而且也存在于其中。[①]我认为这些就是藏在摩尔关于"自然"性质的评论背后的事实:"与其说它们纯粹是附属于物体的谓词,不如说它

---

① 亚里士多德,《范畴篇》,Ⅱ—Ⅴ。

们是构成物体的部分……它们自身便是实体性的。"最后,在颜色词和形状词之间也有一个语法差异:一个人可以说他喜欢红的但不能说他喜欢椭圆的[①],颜色名称比形状名称更像名词。我这里将省略大量的细节论证,直接提出我的结论:在 A_1 形容词的子集中,指称类别的词语是最像名词的,其次是颜色、形状的名称,最后是其他的 A_1 形容词,如快乐的、难过的、好看的、丑陋的等。最后的这些词或多或少具有对比的特点,因此就形成了通向 A_2 形容词的桥梁。比起颜色词或形状词,A_2 形容词离名词更远。红色是一种颜色,圆是一种形状,但长不是一种长度,低不是一种高度,重不是一种重量(除了在拳击等运动中),小不是一种尺寸(除了在制衣等行业中)。一座房子有一种特定的颜色,那种颜色可能是红色;它也有特定的高度,但那个高度不是高的或矮的。红是一种颜色的名称;高却不是一种向度的名称。然而,问一个东西有多长是在问它的长度,问它有多高是在问它的高度,等等。在 A_2 形容词那里只残留着一些名词的影子。

我现在断定,这些形容词的自然次序(在齐夫的意义上的品级次序)是它们如何与主语相连接的一种功能,而我上面尝试表明的就是:这种连接与它们在何种程度上类似于名词有关。具有比较密切联系的形容词——即更像名词的那些——与名词离得较近。以下是一些例子:

[①] 原文为:*One can say that one likes red, but not that one likes oval*。在汉语里,既可说喜欢红的也可说喜欢椭圆的,但在两种情况下都不宜视作形容词的名词化,而宜视作省略了形容词所形容的东西的名词。——译者

> 大个的茶色的食肉四足动物
> 厚厚的长方形的绿色东方地毯
> 高高的圆形的木制结构。

我们可以再重复一遍齐夫的例子：

> 好的沉重的红椅子。

稍后，我们将能够补足这幅画面。但无论怎样，我们已经确认了齐夫的猜测：决定一个形容词的品级的原则和自然品类有关[①]。

第六节

此前讨论的各种派生形式远不足以说明所有的形容词结构。试比较

> 好厨师
> 好饭菜。

[①] 我们还可注意到 A_1 类形容词并非只能通过(I)与名词相联系。一盏红灯是(I)：一盏是红色的灯，但一盏红外线灯却并非一盏是红外线的灯：它是一盏发出红外线的灯。这个词例提示如下转换：

(Ia) AN—N[V]A[N]

([V]和[N]代表相应的动词种类或名词种类)。这种转换包括多种语例，如核物理学家、黄热病、瓦格纳歌剧女高音等等。

根据(Ⅲ)，好厨师是下厨做饭做得好的人。那么好饭菜呢？显然，这个短语同样要求一个或一群适配的动词；那就是吃，好饭菜吃起来是好的。两种派生形式的区别在于，前一例中的厨师是适配动词的主语，后一例中的饭菜则是适配动词的宾语：厨师下厨去做饭，饭菜则是被吃。这两例里的动词都可以名词化，于是我们得到

   好厨师——下厨做饭做得好
   好饭菜——好吃
     ——吃起来好

所以我们可以说，好着眼于一个完整的动词短语和厨师相连接，然而却着眼于一个减去了宾语（或减去了别的名词补语）的动词短语和饭菜相连接。对下面的例子也须这样分析：

   舒适的椅子——坐上去舒适
   容易的问题——解决起来容易

这和如下格式相当

   (Ⅳ) AN—N wh... A to V—

碰巧，原句中的主语也许可以由介词引入：

   对你来说这是吃起来好的饭菜

>对我来说这是一个解决起来容易的问题

当然,(Ⅳ)里的动词仍依赖于相关名词。上面我们说过,虽然我们很容易理解什么是好母亲或软弱的国王,但周到的兄弟或好行星会是什么,我们就不明白了:周到的—兄弟或好—行星这样的搭配没有界定动词。这一点对(Ⅳ)也一样:好饭菜、容易的问题、困难的语言、舒适的椅子,这些都是可理解的,因为我们找得出适配的动词。但即使从宾语这个角度来看,好行星和容易的树也仍然是神秘难解的。但只要说话者提供了相关动词,这些短语就立刻变得清清楚楚了:好加以观测的行星,容易砍伐的树。我们当然要注意,去讲行观测的不是那颗行星,进行砍伐的不是那棵树;也就是说,这些例子属于(Ⅳ)而不是属于(Ⅲ)。在有些情况下我们既可以为(Ⅲ)也可以为(Ⅳ)提供动词:

>她是好的

可以补足为

>她跳舞跳得好
>请她当舞伴是好的

到此,我们也许可以总结一下前面的结果,看一看(Ⅰ)—(Ⅳ)所代表的这几种形容词结构。(Ⅰ)展示的是主语和形容词之间的直接联系。(Ⅱ)—(Ⅳ)中的联系是间接的。(Ⅱ)默认一个中介名词,

(Ⅲ)和(Ⅳ)则要求一个或一群适配的动词；在(Ⅲ)中，原来的主语对这些动词来说仍然是主语，可是在(Ⅳ)中，原来的主语是这些动词的宾语。

第七节

下面要考察的是这样一类形容词：它们从共有同一个主语的整个句子着眼来描述那个主语。这类形容词（A_5形容词）包括聪明的、愚蠢的、合理的、和蔼的、友善的、周到的、体谅的这样一些形容词，同时又一次包括好的一词。下面几个典型语句表明了上面提及的那种联系：

约翰很愚蠢，接受了那项工作

约翰接受那项工作真是很愚蠢

约翰好心肠，帮他兄弟

约翰帮他兄弟真是好心肠

这组形容词与类型(Ⅳ)的区别是显而易见的。愚蠢的是约翰，接受那项工作的也是约翰，这两个句子有着相同的主语。然而在(Ⅳ)中，由形容词修饰的主语在含有适配动词的句子里变成了宾语。想想好汤这样的话。它默认的是喝汤而不是汤喝。与类型(Ⅲ)的差异则更加精细。比较一下慢的$_3$和体谅的$_5$，表层差异不难得出：约翰也许做饭做得慢，但他去做饭这件事并不慢，但反过来，他去做饭可能出于体谅别人。但他不是以体谅的方式做饭。回忆一下在

第五章学到的内容,我们还能找到一个更深层次的区别。很清楚,慢的其实是一个容器形容词,而且是不宽容的容器。它充当完全名语的谓词是毫无困难的:

  他晚饭做得慢
  歌唱得慢

但它拒斥不完全名语:

  * 他做了晚餐,这很慢。

一些类似的测试会表明所有 A_3 都是严格的容器。而 A_5 却不是:

  约翰体谅人,去做晚饭
  约翰做了晚饭,真是体谅人

我们看到:动词做饭在这里可以直接保留宾语而且能带有各种时态。体谅一词是通过一个名语来描述约翰的,而那个名语是不完全的名语。在常识意义上,慢的描述一件事是怎样做的,而体谅描述的则是所做的那件事。

  A_3、A_4 以及 A_5 都表现出一种奇怪的两栖性质。约翰慢慢地做饭,我们可以说做起饭他慢或说他做饭慢。与此相似,我们可以说:他去做饭他真是体谅人,也可以说:他去做饭这件事真是体谅人。因此慢的或体谅的既能用来描述名语又能用来描述名语的主语。一个 A₄ 形容词，像容易的，则既能用来描述名语又能用来描述名语的宾语：问题是容易得到解决的，或问题的解决是容易的。

还有一小组形容词，包括像乐意的、急切的、愿意的等等，尽管它们需要借助某个名语才能描述一个名词，但它们却没有上面的两栖性质。我称这些形容词为 A₆ 形容词，下面是些典型的例句：

他乐意去
他急切地想签合同

它们没有下面这类相应的说法：

＊他去，这是乐意的
＊他签合同，这是急切的

这个特点足以把它们同 A₅ 区别开来。余下的形容词则相反，只能描述名语而不能描述名词，请看例句：

他的死是可能的
你的离开是必要的
他赢得比赛是不太可能的

这里的名语显然都是不完全名语，我们也记起这里的形容词是第五章第七节所讨论的典型的宽松容器。不过在这里，我想指出一个差异，这个差异将这组形容词分成两类。第一类格外值得注意，因为它又包括了好的这个词。属于这一类的形容词可以借助附加限制语"对N来说"来描述名语。请看例句：

> 你去工作对我很有用
> 你成功了对我们很有利
> 我离开对你是好的

我们把容许这种相对性的形容词称之为 A_7 形容词。最后一类形容词是 A_8，这些形容词没有这种用法：

> * 他的到来对我们是不太可能的
> * 他的死对你是不可能的
> * 下雨对我们是真实的

有用的、有利的、舒适的、必要的、好的和它们的反义词是 A_7 的一些例子，正确的、假的、可能的、很不可能的、多半、肯定和它们的反义词是 A_8 的一些例子。

我们说过后三类形容词不能描述单纯名词：没有不太可能的椅子、必然的马或可能的人。当然，这不排除有些词有可能具有双重、三重或四重身份。例如我们看到好的一词就同时具有四重身份：A_{3457}。我也不是想去否定有假牙、不可能（想象）的人、必要的恶。然而，明显易见的转换分析将会表明这些只是缩略形式而不是真正的反例。这里就像前面许多地方一样，考虑到篇幅，我不可能充分展开相关的细节。

第八节

现在我们该把好的这个词的语法的片段拢集起来了。分析结果表明，在我们所说的八个范畴中，好的合于其中四个，即第3、4、5、7。这首先就意味着，这个形容词确实有较大的出现权；事实上，我想不出还有哪个形容词有这么强的适应性。难怪齐夫认为这正是它高品级的原因。然而这一理由却并不成立。仅以两例为证：不太可能或不必要两个词显然级别高于好的，尽管就出现权而论它们显然是很有限的。在有些情况下我们会说不太可能的好结果或不必要的好举措，却几乎不会说好的不太可能的结果或好的不必要的举措。不管出现权大小，A_8形容词的品级都高于其他任何一类形容词。

然而，好的仍是一个品级较高的形容词。它不能作为A_1或A_2出现。① 这不仅意味着它比摩尔的"自然属性"品级为高，而且也说明了它为什么"不自然"，即说明了它为什么让人觉得离主语较远。好的不是一个类似名词的形容词；它并不和主语直接相连，即使在与主语最接近的时候，它也是通过一个适配的动词和主语相连。

约翰好

这样的句子听起来奇怪、空洞。我们会要问："对什么是好的？"或

---

① 就一部小说来说是好的这样的短语可能让人觉得好的有时是一个A_2形容词。但我们很快就会意识到这种用法仅限于带有贬义地用于相对很小的一类名词短语：除非暗示小说大体上不怎么样，否则人们不会说就一部小说来说是好的。无论如何，这种细微之点（这是由茜尼·舒玛克提出来的）实在太细微了，不会影响我们的一般结论。

"你是说他是个好人?"若是如此,问题又来了,什么是好人呢?与此相反,

> 约翰金发碧眼

就不带来这种空洞的感觉,也不引发进一步的问题。

要是细加探究,我们可以说,一个人或物能基于三种不同的理由而被称之为"好"①。第一种,由于他(它)惯常所做或能做的而称作"好"(第3类)。一个好的舞者就是一个能把舞跳得好并且向来跳得好的人,一个好的国王就是把他的国家统治得好或治理得好的君主,等等。第二种,某物(或某人)被称作"好"是基于其用途,基于其对某事有好处(第4类):好的饭菜吃起来好,好笔写起来好。第三种,某人(或某物)被称作"好"是因为他(它)实际在做、曾经做过或将要去做的事(第5类):约翰好,他帮助穷人,或玛丽好,她做好了晚饭。最后,发生的事情本身,或某个事实,也可以被称作"好"(第7类):我们常常说"下雨了真好"或者"太好了,约翰已经到了"。② 这些都在很大程度上能够直接从那四种转换模式中得到。

第九节

然而,此外还有一些特征值得注意。我在上文已提出,在有些

---

① 下列四种用法,但只基于三种理由。——译者
② 我的分析不包括……尝起来(看起来,闻起来,摸起来)很好。这一类相关动词范围很小,这是我省略的原因。

语意含混的情况下，我们期待说话者通过补充一些信息以使其论断变得清晰些。在有些属于（Ⅲ）、（Ⅳ）的情况中就会出现这种期待。在这两种框架里，好的以一群适配的动词为中介成为主语的谓语，而这个动词群通常是由一个名词决定的。相应地，我们通过提供这些成分加以澄清。在大多数情况下这是件直截了当的事情。我们知道，

    约翰是好的

这样一个空洞的句子若加上

    约翰是个好的舞者

就能顺利地归入（Ⅲ），若加上

    约翰你跳舞时请他作伙伴是好的

就能顺利地归入（Ⅳ）。

  在前一例中，我给出了能直接提示适配动词（跳舞）的名词，在后一例中，伙伴一词本身不足以提示适配的动词，相关的动词太多了。所以我提供了一个具体的动词（跳舞）。这就如同把

    金星是一颗好行星

这样一个不能理解的句子补足为

   金星是一颗好观测的行星。

但在后两种增补之间还有一个重要差别。这两个句子表明，即使名词自身不足以决定相关的动词群，我们也不难把一个句子补足以使好的归入（Ⅳ）。好行星不同于好钢笔，它是无法理解的，这是因为行星不像钢笔那样有具体的用途。然而，没有什么能阻止说话者补足具体的活动，而行星正是这一活动的对象，而且就这一活动而言被称为"好"。加上动词"观测"就起到这样的作用。不仅如此，即使所涉对象，例如钢笔，有一具体用途，说话者仍旧能够着眼于一种不同的用途或误用对该对象进行描述。例如，一个专事探查物品探究的人可能会说：

   这只鞋是好（可以）吃的。

简言之，没有天然用处的东西可以被赋予这样那样的用处，有天然用处仍然可以被赋予别的用途或误用，因此它们就任何这些用处而言被称为"好的"。语言自身认可这种可能性，为这个句子的相关增补成分……去做某事保留了余地。

  （Ⅲ）的情形与此不同，在这里，如果给定的名词不足以确定适配的动词群，就没有什么直截了当的办法加以弥补。这是合乎情理的。我们知道，在这种情况下，好的着眼于某种功能来修饰主语，而这种功能由一个名词指示，或与该名词相联系。这种功能由主语提供，而不由任何别的人或物体提供。我们根据主语在作什么来评价它，而不是像上一个例子那样，根据能用主语作什么来评价它。因此，如果给定的名词就此而言是无效的——就是说，如果它不能指示一种功能——那么这个句子就会始终含混不清无法补救。下边的例子将说明这个问题是如何产生的：

> 约翰是个好舞者。
> 约翰是个好诗人。
> 约翰是个好父亲。
> 约翰是个好人。
> 菲多是条好狗。
> Mumbo 是只好狒狒。

舞者直接给出了动词跳舞，好诗人也很容易理解：好基于写诗这一具体活动来评价约翰。约翰作为父亲被称为"好"所依据的活动的范围要广得多，不过这个范围还足够清楚。我们隔过第四句看第五句，菲多是条好狗，好狗的意思不免含混。何谓好狗？我们多少知道何为好猎犬、好牧羊犬、好拉橇狗等等，但单说好狗就很不够。猎犬，牧羊犬等名词短语当然指示了特定的功能，这和舞者、诗人、父亲差不多一样。而单单狗一词却不行。说约翰作为舞者、诗人、父亲是好的，这话有意义，说菲多作为猎犬或牧羊犬是好的，这也有意义。反之，说菲多作为一条狗是好的则没有意义。尽管如此，我们还是多多少少能够理解好狗。毕竟，所有好狗（牧羊犬、猎犬、拉橇狗等等）都得满足某些基本要求：忠实、顺从等等。这些要求就仿佛构成了放牧、打猎这些功能的公约数。好狒狒 Mumbo 的情况却糟糕极了,我们在这里完全迷失了方向:是一只狒狒,这肯定没有什么功能;何况,狒狒一般说来也不是那种能被赋予什么功能的东西。我们能设想一只好狒狒去把什么事情做得好呢?

最后我们回到好人约翰上来。出乎我们意料,我们能理解这个短语。不仅如此,它还满足更为严格的测试。我们可以说约翰不是一个好诗人,但是个好人。我们不得不接受这样的结论:是一个人,就像具备一种功能。用我们最初的术语来说,好-人这样的搭配确定了一个适配的动词群,也就是说,我们必然可以着眼于某一系列活动把某人称作好的,并非作为舞者、诗人、父亲是好的,而单单就是作为一个人是好的。

第十节

在这一点上,就像经常在哲学中发生的那样,我们会突然间发现我们冀望打通的探寻之路其实已由亚里士多德的足迹先行标明了。

很明显,亚里士多德在《尼各马可伦理学》的开头所讨论的"好"这个概念可以与我们的"好$_3$"相对应:

> 我们说,一个某某人的功能和一个好的某某人的功能是同一类功能,比如,一个竖琴手和一个好竖琴手,以及所有类似的情况中,所谓好的某某,无不是在功能的意义上把一类特出的"好"加之于某某身上(竖琴手的功能是弹奏竖琴,而一个好

竖琴手的功能是把竖琴弹奏得好)。①

竖琴手的例子理所当然与类型(Ⅲ a)相符合,这种类型中,被形容词修饰的名词可以在词形上引出一个最适配的动词作为与名词对应的功能。这种类型与类型(Ⅲ)最为接近。但亚里士多德又扩展了他的标准:"眼睛的敏锐成就了好的眼睛,也成就了眼睛好的功用;正是借助眼睛的敏锐,我们得以看得清楚。"②这里同样只有一个最适配的动词,它是由那个名词决定的,只不过不是由其词形决定的。而且这里仅有一个动词与名词相对应也并非必然。实际上,亚里士多德在接下来的例子中完整列出了一整套适用的动词:

> 一匹马的出色既成就了它本身的好,也同样使它在奔跑、驮载骑手和备敌攻战方面表现得好。③

(他这里指的当然是战马。)最后,他把同样的标准用于关于好人的分析中:

> 既然对于长笛手,雕塑师,或者任何艺人,总起来说,对于一切具备某种功能或作用的事物,其所谓的"好"或"做得好"都是就其功能而言,那么,这是否意味着,对一个人来说,如

---

① 1098ª(牛津译本)。
② 同上书,1106ª。
③ 同上书,1106ª。

果他有一种功能……这种功能又会是什么呢？ ①

怎样才算一个好人？人的功能是什么？这些问题将引我们远远超出这个词的语法领域。无疑，好就是好，但问题绝不终止于此。即使有了一套完备的语法，我们也不过刚刚起步。

---

① 同上书，1097^b。

图书在版编目(CIP)数据

哲学中的语言学/(美)泽诺·万德勒著；陈嘉映译.—北京：商务印书馆，2023
(陈嘉映著译作品集；第 16 卷)
ISBN 978 - 7 - 100 - 22213 - 6

Ⅰ.①哲… Ⅱ.①泽…②陈… Ⅲ.①语言哲学 Ⅳ.①H0 - 05

中国国家版本馆 CIP 数据核字(2023)第 070631 号

权利保留，侵权必究。

陈嘉映著译作品集
第 16 卷
哲学中的语言学
〔美〕泽诺·万德勒 著
陈嘉映 译

商 务 印 书 馆 出 版
(北京王府井大街 36 号 邮政编码 100710)
商 务 印 书 馆 发 行
北京市十月印刷有限公司印刷
ISBN 978 - 7 - 100 - 22213 - 6

2023 年 6 月第 1 版　　　开本 710×1000　1/16
2023 年 6 月北京第 1 次印刷　印张 17¼
定价：88.00 元

陈嘉映著译作品集

第 1 卷　海德格尔哲学概论
第 2 卷　《存在与时间》述略
第 3 卷　简明语言哲学
第 4 卷　哲学·科学·常识
第 5 卷　说理
第 6 卷　何为良好生活：行之于途而应于心
第 7 卷　少年行
第 8 卷　思远道
第 9 卷　语言深处
第 10 卷　行止于象之间
第 11 卷　个殊者相应和
第 12 卷　穷于为薪
第 13 卷　存在与时间
第 14 卷　哲学研究
第 15 卷　维特根斯坦选读
第 16 卷　哲学中的语言学
第 17 卷　感觉与可感物
第 18 卷　伦理学与哲学的限度